TOTAL PARANORMAL!

LISHA & LOU

TOTAL PARANORMAL!

Unsere gruseligsten und emotionalsten Erfahrungen mit Dämonen und Geistern

Eden BOOKS

Inhalt

Liebe Horror-Fans,

dass wir anders sind, müssen wir euch – glauben wir – nicht sagen. :-) Eine einfache Biografie über unser Leben? Nein, danke! Wir wollten etwas machen, das sonst keiner macht, und haben uns dazu entschlossen, unsere gruseligsten und emotionalsten Erfahrungen mit dem Paranormalen mit euch zu teilen!

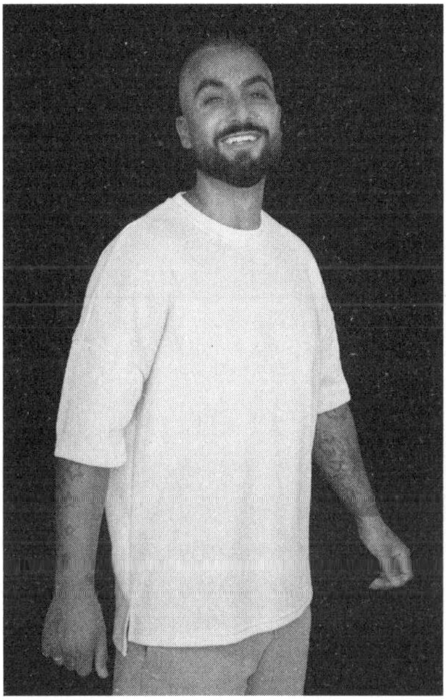

Wir wissen, dass dieses Thema die Gesellschaft spaltet und es viele Skeptiker da draußen gibt. Aber auch ich, Lou, war ein Skeptiker! Bis ich mit meinen eigenen Sinnen erleben musste, dass wir nicht allein auf dieser Welt sind ...

Ja, es gibt sie! Und sie lauern überall: Engel, Geister, Dämonen und Dimensionen, für die es keine

Erklärungen gibt. Sie besuchen uns im Schlaf, quälen uns in Albträumen und spielen uns tagtäglich Streiche. Kennt ihr dieses Gefühl, wenn euch plötzlich eiskalt wird und sich eure Nackenhaare aufstellen? Wenn ihr nachts aus dem Nichts wach werdet und das Gefühl habt, es wäre jemand mit euch in eurem Zimmer?

In diesem Buch möchten wir mit euch teilen, was wir vor vielen Jahren auf YouTube mit unserem Horror-Content gestartet haben. Mich, Lisha, begleitet das Paranormale seit meiner frühen Kindheit, und ich habe schon einiges davon erzählt. Aber dieses Mal bekommt ihr die ungeschnittene Wahrheit – bis ins letzte Detail!

Und weil wir ohne euch nicht da wären, wo wir heute sind, haben wir beschlossen, die gruseligsten Storys unserer Community in unser Buch aufzunehmen. Hier gibt es nichts Ausgedachtes! Alle Geschichten basieren auf wahren Begebenheiten und werden euch einen kalten Schauer über den Rücken laufen lassen: Wenn ein Ball wie von Geisterhand durch unser Wohnzimmer fliegt, sich unser Badezimmerschacht nachts immer wieder von allein öffnet – oder der Tod mehrmals an unsere Scheibe klopft ...

Lishas Kindheit und Jugend

Mich musste nie jemand davon überzeugen, dass es Geister gibt. Ich bin empfänglich für alles Paranormale – schon seit ich ein Kind war. Natürlich konnte ich das damals noch nicht einordnen. Vorfälle, die ich mir nicht erklären konnte, wie etwa ein unheimliches schwarzes Loch in meiner Kinderzimmerwand oder eine von innen abgeschlossene Badezimmertür im Haus meines Opas, machten mir Angst – wie das bei kleinen Kindern eben so ist. Geister, Dämonen, Hexen – alles fiese Kreaturen, denen man lieber nicht begegnet. Manchmal war es aber auch spannend zu beobachten, wie sich die guten und die bösen Mächte Wege suchten, mir zu begegnen.

Dazu müsst ihr wissen, dass ich grundsätzlich nie der Typ »ängstliches Mädchen« war. Im Gegenteil. Ich war diejenige, die immer Horrorfilme gucken wollte, wenn meine Freundinnen eine Liebeskomödie vorschlugen. Filme wie *Ghostbusters* und *Scooby-Doo* oder die Mystery-Fernsehserie *X-Factor: Das Unfassbare* habe ich nur so verschlungen – das machte mir keine Angst. Ich fand es aufregend und richtig cool. Auch Halloween war mein Fest. Ich liebte es, überall die furchterregenden Minigeister zu sehen. Klar, dass ich selbst dabei nie die Prinzessin war, sondern immer die Hexe oder ein kleiner Vampir.

Das schwarze Loch

Nachts passieren den Menschen die gruseligsten Dinge – das habe ich schon als kleines Kind gelernt.

Mein Kinderzimmer, das ich mir mit meiner älteren Schwester teilte, lag in unserer Dreizimmerwohnung in der Graefestraße in Berlin, am Ende eines langen Flures. Hier bin ich aufgewachsen. Wir hatten zusammen ein ungefähr zwanzig Quadratmeter großes, viereckiges Zimmer. Gleich links, wenn man durch die Tür kam, stand unser gemütliches Hochbett aus hellem Holz. Das liebten wir. Meine Schwester schlief oben. Ich war aber genauso glücklich über meine Höhle unten. Hier konnte ich mich zusammen mit all meinen Kuscheltieren gemütlich an die Wand ankuscheln. Das gab mir Nacht für Nacht ein Gefühl von Geborgenheit und Sicherheit beim Einschlafen. Neben dem schönen Bett stand noch ein heller Kleiderschrank, gegenüber gab es einen Schreibtisch, unsere Hamsterkäfige und ein großes Fenster, durch das der Mond hell ins Zimmer schien, wenn wir mal wieder vergessen hatten, die Jalousien herunterzulassen. Weil unsere Mutter der Ansicht war, dass wir Schutzengel brauchten, die über uns wachten, hing direkt über dem Türrahmen eine Porzellanfigur: zwei betende kleine Engelskinder, ein Junge und ein Mädchen im Pyjama.

Ob die in dieser einen Nacht – ich war etwa vier Jahre alt – im Raum waren, um mich zu beschützen? Ich glaube nicht. Es muss zwei, drei Uhr am Morgen gewesen sein. Es war dunkel, bis auf den Mond, der durchs Fenster schien und schattenhafte Umrisse ins Zimmer zeichnete. Ich hatte schon tief und fest geschlafen. Da wurde ich wach. Nicht von einem Geräusch oder etwas Unheimlichem. Einfach so. Meine Schwester über mir schnarchte ganz leise. Ich drückte meine Kuscheltiere fest an mich, wollte mich gerade wieder an die Wand schmiegen – da war sie nicht mehr da! Ich tastete, fühlte. Das konnte doch nicht sein. Ich konnte in die Wand hineinfassen. Dort war nur tiefes Schwarz! Irgendeine Stimme schien mir zuzuflüstern: »Komm her, mein Kind! Komm rein!« Dabei war es – bis auf das gleichmäßige Schnarchen meiner Schwester – totenstill im Raum. Nur mein eigener Atem ging jetzt schneller. Ich schwitzte, mein Schlafanzug klebte an mir wie eine zweite Haut. Panik machte sich in mir breit. Ich wollte schreien, aber mir blieb der Schrei in der Kehle stecken. Ich drehte meinen Kopf weg von dem schwarzen Nichts und sah unsere Hamster leise in ihrem Hamsterrad laufen, erahnte ihre Form eher, als sie wirklich zu sehen. Dann drehte ich meinen Kopf wieder nach links. Immer noch tiefste Dunkelheit – als hätte sich ein dunkler Tunnel neben meinem Bett aufgetan. Und das war definitiv kein Traum! Ich war zu hundert Prozent wach. Irgendwie fand ich es verlockend, ins Schwarze zu gehen, um zu gucken, was mich dort erwartete. So war das bei mir schon als Kind – so unheimlich die Situation auch war, so magisch zog es mich doch an, der Sache auf den Grund zu gehen.

Doch genau in diesem Moment wurde meine Schwester wach. Sie merkte, dass bei mir etwas nicht stimmte, und fragte: »Was machst du da? Warum schläfst du nicht? Was ist los?« Schon tauchte ihr Kopf mit den herabhängenden Haaren oben am Bettrand auf, um nach mir zu sehen. »Schau, hier, alles schwarz«, setzte ich zu einer Erklärung an, drehte mich zum schwarzen Loch und – zack, war die Wand auf einmal wieder da. »Ich sehe da nichts Schwarzes!«, antwortete meine Schwester schläfrig. »Komm, schlaf weiter!« Weg war sie wieder. Ich aber wälzte mich in dieser Nacht noch lange hin und her, bis ich vor Erschöpfung schließlich ebenfalls einschlief.

Als ich am nächsten Morgen aufwachte, ging mein erster Blick nach links: Die Wand war da. Ich streckte meinen Arm aus, um sie zu berühren und mich mit meinen eigenen Sinnen davon zu überzeugen, dass es wirklich nur die Wand war. Kein schwarzes Loch. Kein dunkler Tunnel. Ja, da war nichts Anormales mehr. Auch an den folgenden Abenden spürte ich noch eine Aufregung in mir, ich schlief ewig lange nicht ein und war stets darauf vorbereitet, dass es wieder passierte. Ich wartete darauf, dass das schwarze Nichts zurückkehrte. Es kam nie wieder. Aber ich weiß: Ich war in besagter Nacht definitiv wach und bei klarem Verstand, das war kein Traum. Es war ein erster Ruf von der dunklen Seite, ein erstes Herantreten an mich.

Die verschlossene Tür

An Feiertagen wie Weihnachten oder Ostern sowie zu Familiengeburtstagen sind wir immer nach Westdeutschland zu meinen Großeltern gefahren. Sie wohnten im beschaulichen Breuna, ein echter Kontrast zu Berlin, zur lauten Großstadt. Jedes Mal, wenn wir mit unserem Auto von der Landstraße abfuhren und rechts in den holprigen Feldweg abbogen, kam bei mir Urlaubsstimmung auf. Es gab viele Felder, mit Pferden und Kühen hier und da, Natur pur auf dem Dorf. Das erste Eckhaus gleich rechts war ihres. Davor gab es eine riesige Wiese mit Hasenställen. Auf die Hasen freute ich mich immer besonders, weil es mir so viel Spaß machte, mich um die flauschig-niedlichen Tiere zu kümmern. Allerdings habe ich da auch noch nicht verstanden, dass sie gezüchtet wurden, um gegessen zu werden.

Eine große, einladende Treppe führte ins riesige Haus von Oma und Opa. Als Kind hatte ich dort immer das Gefühl, ich könnte mich verirren – so weitläufig war alles. Im großen Empfangsbereich stand ich auf den kalten Fliesen, dazwischen lagen Kuhfelle auf dem Boden, und nahm immer erst mal den Geruch wahr. Es roch gut, nach Land, meist auch nach leckerem

Essen, das Oma schon für uns gekocht hatte. Im Wohnzimmer gab es einen schönen offenen Kamin, vor dem an Weihnachten der Tannenbaum meterhoch stand. Ich mochte das Gammelzimmer am liebsten, so haben wir es genannt. Dort trafen wir uns abends immer alle und guckten gemeinsam fern. Es war einfach sehr hübsch und idyllisch bei Oma und Opa, keine Frage, wir hatten immer tolle Ferien dort.

Aber dieses riesige Haus hatte für mich als Kind auch immer etwas Unheimliches, etwas Bedrohliches. So auch in diesen Sommerferien nach der sechsten Klasse, in denen wir zu Besuch waren. Unser Gästezimmer lag im ausgebauten Kellergeschoss. Eine kleine Treppe führte nach unten. Neben unserem Raum gab es dort noch die Vorratskammer, die Garage und einen Wascheraum – keinen typischen gruseligen, modrigen Keller. Neben unserem Gästezimmer war auch eine Toilette. Da wir uns alle tagsüber oben im Haus oder im Garten aufhielten und nur zum Schlafen nach unten in den Keller gingen, war ich auch immer oben auf der Toilette.

Doch als ich an diesem Julitag dringend musste und oben besetzt war, dachte ich: »Komm, dann gehe ich eben runter.« Obwohl sich innerlich in mir schon etwas sträubte. Ich wollte nie allein dorthin. Irgendetwas war da, das mir sagte: »Geh lieber nicht allein in den Keller!« Weil ich aber in dem Moment aus guten Gründen nicht länger warten konnte, rannte ich die Treppe nach unten, geradewegs auf die Tür zu, stürzte mich auf die Türklinke – doch was sollte das denn? Die Tür war abgesperrt. »Hey, wer ist denn da drin?«, fragte ich, von einem Bein aufs andere tretend. Keine Antwort. Komisch. Ich klopfte. Wieder keine Antwort. Ich war mir sicher, ich würde mir gleich in die Hose machen, und war schon sauer auf meine Schwester, weil ich dachte, dass sie mich veräppeln wollte. Da sich aber nichts tat, flitzte ich zurück nach oben, suchte meine Eltern und fragte: »Wer ist denn da unten auf Toilette? Ich muss mal! Und es ist abgeschlossen.« Nach und nach kam die ganze Familie zusammen, mittlerweile war die Toilette oben frei – zu meinem Glück konnte ich mich dann endlich erleichtern –, da bemerkten wir: Unten konnte keiner auf dem WC sein! Alle waren da. Mein Vater wollte das lieber mit eigenen Augen sehen, ging selbst nach unten in den Keller, griff beherzt nach dem Türgriff und schüttelte kräftig. Vielleicht klemmte ja einfach nur die Tür. Aber auch auf seinem Gesicht war jetzt ein großes Fragezeichen zu sehen.

Ich war extrem aufgeregt und spürte es als Kind sofort: Das war etwas Übernatürliches! Das hoffte ich auch irgendwie, um Beweise dafür zu sammeln, dass es Geister gibt. Meine Oma hingegen ergriff Panik. »Da ist jemand eingebrochen!«, vermutete sie sofort. Möglich war es. Schließlich gab es im WC ein Fenster mit einem einfachen Kellergitter davor. Von dort hätte jemand theoretisch gut einsteigen können. Wir wurden alle ein wenig unruhig. Ich fragte mich gleichzeitig: Wieso sollte das jemand tun? Und sich dann vor allem von innen dort einschließen? Meine Oma aber war sich sicher und wollte – zielstrebig, wie sie immer war – sofort los, um nachzusehen, ob außen am Haus das Fenster noch verschlossen beziehungsweise ob das Gitter noch intakt war. Ich wollte unbedingt mit meiner Oma nachsehen. Als wir ums Haus gingen, meinte sie: »Vielleicht ist auch jemand eingebrochen und hat sich etwas angetan. O Gott, behüte!« Sie dachte tatsächlich, wir könnten dort jetzt eine Leiche finden. Mein Puls ging schneller. Eine Tote oder ein Toter bei uns im Haus? Als wir am Kellerfenster angekommen waren, ging ein Schauder durch meinen Körper: Da war einfach nur ein geschlossenes Kellerfenster mit geschlossenem Gitter. Wir schauten durchs Gitter: Niemand war in der Toilette. Die Tür war abgeschlossen. Das Fenster war von innen verriegelt. Da soll mal bitte einer erklären, wie das sein konnte! Wir riefen dann die Feuerwehr, die die Tür aufbrach. Meine Oma stand daneben und schüttelte immer wieder fassungslos den Kopf. Und wo fanden wir den Schlüssel? Der steckte nicht etwa von innen im Schlüsselloch. Nein, er lag mitten auf dem Toilettendeckel, als ob ihn jemand dort sorgfältig platziert hätte. Ungefähr zwei Meter von der Tür entfernt.

Niemand konnte erklären, wie das hatte geschehen können. Das war schlicht unfassbar für die ganze Familie – meine Oma erwähnte den Vorfall danach nie wieder.

Das Ouija-Board – wie alles begann

»War das nicht unglaublich?«, hörte ich die aufgekratzte Stimme meiner Mutter aus der Küche. Ich selbst, gerade neun Jahre alt, war nebenan im Wohnzimmer unserer Dreizimmerwohnung. An diesem

Samstagabend waren meine Mama, meine Tante und drei ihrer Freundinnen gerade nach Hause gekommen, hatten sich um unseren großen hellen Holztisch in der Küche auf die Eckbank gesetzt, und ihre Stimmen wurden immer lauter und aufgebrachter. Da wurde ich neugierig. Irgendetwas musste passiert sein, so aufgeregt, regelrecht außer sich waren sie. Als meine Mutter dann ergriffen schluchzte, wie unfassbar diese Erfahrung doch gewesen sei, und lautstark anfing zu weinen, lief ich in die Küche. Als ich auf dem Tisch die ganzen Taschentücher liegen sah, flitzte ich sofort zu meiner Mutter hin, setzte mich auf ihren Schoß, kuschelte mich an sie und wollte wissen: »Mama, was habt ihr denn heute gemacht?« Da fingen meine Tante und meine Mutter an zu erzählen. Ganz hektisch unterbrachen sie sich immer wieder gegenseitig und sprachen wild und ganz euphorisch durcheinander, sodass es kurz dauerte, bis ich begriff, was sie da eigentlich erlebt hatten: Sie waren bei einer Hexe gewesen – also einer, die sich selbst als solche bezeichnete. Hexen gab es für mich bis dahin nur als fiese Kreaturen im Märchen, mit großem Buckel, einer fetten Warze auf der Nase und einer schwarzen Katze auf der Schulter – oder eben als Verkleidung an Halloween oder im Fasching.

Hexen und Hexenverbrennung

Eine Hexe ist in Märchen, im Volksglauben und in Mythen typischerweise eine mit Zauberkräften ausgestattete Frau. In der europäischen Kultur wurde sie seit dem späten Mittelalter meist in Verbindung mit Dämonen oder dem Teufel gesehen.

Zur Zeit der Hexenverfolgung wurde der Begriff Hexe oder auch Hexer – wobei etwa drei Viertel der Opfer in Mitteleuropa Frauen waren – für diejenigen verwendet, die unter dem Verdacht der Zauberei oder eben Hexerei verfolgt wurden.

In Mitteleuropa fand die Hexenverfolgung vor allem in der frühen Neuzeit statt, also zwischen dem Spätmittelalter (Mitte 13. Jahrhundert bis Ende 15. Jahrhundert) und dem Übergang vom 18. zum 19. Jahrhundert. Der Höhepunkt der Verfolgungswelle in Europa liegt zwischen 1550 und 1650. Man geht davon aus, dass in Europa drei Millionen Menschen der Prozess gemacht wurde, wobei 40.000 bis 60.000 Betroffene hingerichtet wurden.

Auf das Verbrechen der Hexerei stand die Strafe des Feuertodes, also der Scheiterhaufen, auf dem die Hexe lebendig verbrannt wurde, um die Seele zu reinigen. Dabei wurde die Hexe an einen Pfahl inmitten eines Reisighaufens gefesselt, der dann entzündet wurde. Als Akt der Gnade galten die vorherige Enthauptung, Erdrosselung oder das Umhängen eines Schwarzpulversäckchens um den Hals.

Diese Hexe war aber offenbar anders, das checkte ich schnell. Sie hatte mit meiner Mama, ihren Freundinnen und meiner Tante ein sogenanntes Hexenbrett benutzt. Damit konnte ich auch so gar nichts anfangen. Was das wohl war? Mit diesem Brett, erklärten sie mir dann geduldig, hätten sie offenbar mit Verstorbenen reden können, mit Leuten aus der Familie im Jenseits. Sie waren so begeistert von der Sache, dass ich dachte: »Wow! Das will ich unbedingt auch machen!« Ich flehte meine Mutter an, beim nächsten Mal mitmachen zu dürfen. Sie lehnte das sofort strikt ab: »Nein, Lisha, du bist noch zu klein dafür. Du hast bei so einer Sache nichts zu suchen!« Da war ich natürlich erst mal ganz schön geknickt. Nichts darf man! Die nächsten Abende lag ich im Bett noch lange wach und fantasierte wie wild von Hexen, die eine Verbindung zu den Toten haben, die sogar mit ihnen sprechen. Angst machte mir das zu dem Zeitpunkt nicht, ich konnte ja sehen, dass weder die Hexe noch die Toten meinen Leuten etwas Böses getan hatten – schließlich ging es ihnen ja offenbar besser denn je.

Ich nervte meine Mutter gefühlt tausendmal damit, dass sie mich mitnehmen sollte, wenn sie wieder zu einer ihrer »Hexensitzungen« fuhr – was tatsächlich alle vier Monate mal vorkam. »Ich will mit dahin! Ich will das auch sehen«, bettelte ich. Aber meine Mutter blieb hart. Fast zwei Jahre hat es gedauert, bis sie schließlich doch einknickte. An einem sonnigen Junitag war es endlich so weit. Mama steckte ihren Kopf in mein Kinderzimmer, wo ich gerade am Schreibtisch saß und Hausaufgaben machte, und sagte: »Komm, Kind, du nervst mich schon so lang damit! Heute nehme ich dich mit zur Hexe. Sie heißt übrigens Simone. Du wirst dort aber nur in der Ecke sitzen, ich will dich nicht in der Nähe vom Tisch sehen! Du wirst da auch nicht mitmachen. Du darfst nur von Weitem zugucken. Aber: Wenn du heute Nacht nicht schlafen kannst, komm nicht zu mir ins Bett – das ist dann dein Problem!« Aufgeregt sprang ich meiner Mutter in die Arme. Yippie! Natürlich wollte ich trotzdem, und wie ich wollte. Ich zog mir was Bequemes an, meinen hellgrauen Jogginganzug – und los ging es.

Die komplette einstündige Autofahrt über, raus aus Berlin, strahlte ich übers ganze Gesicht, so glücklich war ich. Gleichzeitig schwitzten meine Hände vor Aufregung, und in meinem Bauch kribbelte es ordentlich. Dann kamen wir an: Ringeling, das Glockenspiel über der Tür bimmelte harmonisch, als wir das Esoterikgeschäft betraten, an das ich mich noch ganz genau erinnern kann. So unfassbar aufregend war diese Erfahrung für mich. Ein aufdringlicher, aber sehr angenehmer Räucherstäbchenduft waberte mir sofort in die Nase. »Duft der Götter« heißt besagter Duft – und diese Räucherstäbchen benutzen wir sogar heute noch, weil sie einfach so gut riechen. Der Raum hatte eine total beruhigende Energie, sodass sich mein kleiner Körper, so aufgeregt er war, doch ziemlich schnell entspannen konnte. Im Hintergrund liefen esoterische Klänge. Wo ich nur hinguckte, standen, lagen, saßen megainteressante Sachen: Voodoo-Puppen, Bücher über Flüche, weiße Magie, schwarze Magie, Kugeln zum Wahrsagen, Talismane für Ketten, die dich beschützen sollen, und noch so viel mehr. Nebenan gab es ein Zimmer, in dem eine Frau Karten legte. Dann ging es für uns eine Treppe nach unten, durch eine Holzschwingtür, in einen kleinen, ganz dunklen Raum. Mit klopfendem Herzen sog ich alles in mich auf. Alles in mir vibrierte. Die Decke war mit Seidentüchern behängt, die Wände tiefschwarz gestrichen, und auch der Teppich war schwarz. Es lief leise, angenehme Musik, Räucherstäbchenduft lag hier ebenfalls in der Luft. In der Mitte des Raumes stand ein runder Tisch – und darauf das runde Hexenbrett. Endlich bekam ich so ein Teil mal zu Gesicht. Wo ich es mir doch schon in allen Farben ausgemalt hatte. Nun stand es da: ein schlichtes braunes Holzbrett mit allen Buchstaben, den Zahlen von null bis zehn und einem »Ja« und einem »Nein« in Schwarz aufgemalt, darauf die Plakette mit dem Loch in der Mitte, wo Buchstabe für Buchstabe die Botschaften auftauchen, welche die Geister aus dem Jenseits schicken. Meine Mutter, meine Tante und ihre drei Freundinnen setzten sich an den Tisch. Dann kam Simone in den Raum – und hatte so gar nichts von einer Hexe. Einfach eine blonde, süße, etwas kräftigere Frau mit sympathischem Lächeln und einer wahnsinnig beruhigenden Aura. Die Stimmung war vorfreudig, Euphorie lag fast zum Greifen in der Luft. Ich setzte mich in der Ecke auf einen Stuhl, gespannt darauf, was wohl gleich passieren würde. Mucksmäuschenstill guckte ich einfach nur und sog alles um mich herum auf. Ich traute mich kaum zu atmen, auf keinen Fall wollte ich auffallen.

Bloß nicht bewegen. Die Frauen in der Runde legten alle einen Finger auf die Plakette in der Mitte. Dann fing die Hexe mit der Sitzung an und sagte mit tiefer Stimme: »Ich begrüße euch in dieser Runde! Wir würden uns freuen, wenn ihr Kontakt zu uns aufnehmt! Wer ist hier? Wer möchte mit uns sprechen?« Jetzt saßen alle ganz still und guckten konzentriert aufs Brett. Nur noch das leise Atmen der Frauen war zu hören. Ich starrte wie gebannt aufs Brett! Bewegte sich da was? Erst mal tat sich aber gar nichts. Ich wollte schon enttäuscht vom Stuhl aufspringen und rufen: »Wo sind denn jetzt die Geister, die mit uns sprechen wollen?«, als dann, nach ungefähr 15 Minuten, die mir vorkamen wie eine halbe Ewigkeit, die Plakette ganz langsam anfing, sich auf dem Hexenbrett zu bewegen. Ich konnte es kaum fassen! So langsam, dass ich es fast nicht erkennen konnte. Ich merkte es nur daran, dass die Plakette auf dem Buchstaben »H« stand, und nach einer gefühlten halben Stunde, es dauerte wirklich ewig, war sie dann fast auf dem nächsten Buchstaben – dem »A«. Ich dachte, ich sehe nicht richtig! Wahnsinn! Jetzt sprechen sie tatsächlich zu uns, die Geister. Das Absurde war: In dem Moment hatte ich überhaupt keine Angst, null Prozent. Ich war nicht mal mehr aufgeregt, ich fand es einfach nur wunderschön.

Mit meinem Stuhl rückte ich immer näher an den Tisch heran, um alles auch ganz genau beobachten zu können. Keiner hat's bemerkt. Die Hexe fragte dann weiter: »Für wen bist du heute da?« Daraufhin bewegte sich die Plakette ziemlich zielstrebig zu meiner Mutter hin. Die schien davon nicht überrascht zu sein, nickte nur irgendwie wissend. Simone sagte dann zu meiner Mama: »Ich übergebe jetzt an dich. Du kannst deine Fragen stellen.« Dabei ist es so, dass man selbst entscheidet, ob die Kommunikation mit dem Geist im eigenen Kopf stattfindet oder ob man seine Fragen laut stellen und die Runde daran teilhaben lassen möchte. Meine Mama wollte Letzteres und fragte: »Wer bist du?« Die Plakette rutschte von Buchstabe zu Buchstabe und bildete nacheinander die Namen meiner Großeltern, der verstorbenen Schwiegereltern meiner Mutter. Sie waren zu zweit da. Das konnte doch nicht echt sein, oder? Oma und Opa? Die waren doch im Himmel! Ich war völlig von den Socken und konnte es nicht fassen. Meine Mama weinte vor Rührung. Sie fragte, ob es ihnen gut gehe, da, wo sie gerade seien. Und da rutschte die Plakette schnell auf »Ja«. Als sie wissen wollte, was sie ihr noch zu sagen hätten, antworteten sie, dass sie doch ihren Sohn, meinen Papa, mal lieb grüßen solle und dass sie alles richtig mache in ihrem Leben. Mittlerweile kullerten bei allen Frauen am Tisch die Tränen. Ich saß mit am Tisch und legte meinen Zeigefinger einfach auch auf die Plakette. Ich guckte links und guckte rechts, keinen schien das zu stören. Keiner schickte mich wieder weg vom Tisch. Im Gegenteil. Meine Mutter bemerkte es noch nicht mal, dass ich mitmachte, so in Trance war sie in diesem Moment – und alle anderen ganz offenbar auch.

Als Simone als Nächstes fragte: »Wer ist jetzt da? Und für wen?«, bewegte sich die Plakette ganz langsam, aber zielstrebig auf mich zu. Ich dachte, ich träume. Und wagte kaum zu atmen. Dann schob sich die Plakette weiter und weiter, in rasantem Tempo, bis schließlich ganz klar das Wort »S-C-H-U-T-Z-E-N-G-E-L« geschrieben war. Meine Augen starrten wie gebannt auf dieses Brett. Danach bewegte sich die Plakette zum Buchstaben »J«, dann zum »K«. Sollte das ein Name sein? JK? Egal! Mein Schutzengel schrieb mir! Jetzt flog die Plakette nur so über die Buchstaben – Schutzengel haben eine unfassbare Gewalt am Brett, das war mir zu dem Zeitpunkt natürlich noch nicht klar. JK teilte mir an der Stelle mit, dass er ganz schön zu tun habe, um auf mich aufzupassen, weil ich immer so zappelig sei. Dass er aber immer da sei!

Mit einem Mal strahlte meine Mama mit ihren verweinten Augen glücklich übers ganze Gesicht, und mich durchströmte ein so warmes und wohliges Gefühl, das ich niemandem auf der Welt jemals so beschreiben kann. Ich fühlte mich geborgen, beschützt, sicher und so wohl: Mein Schutzengel war bei mir! Danach gab es noch zwei, drei andere »Gespräche« mit den Freundinnen meiner Mama, aber das realisierte ich kaum noch, so berauscht war ich von der Begegnung mit meinem Schutzengel. Insgesamt waren wir fast drei Stunden dort. Von diesem sonnigen Junitag an war ich besessen vom Brett und all den Informationen, die man bekommt. Ich muss wohl nicht mehr betonen, was für einen Riesenspaß mir diese erste Hexenbrettsitzung gemacht hat. Das war genau mein Ding.

Als wir spät an diesem Abend im Auto auf dem Weg nach Hause saßen, beseelt, aber auch ganz schön müde und k. o., bekam ich aber doch Angst. »Was war das gerade für ein komisches Geräusch?«, fragte ich mich. »War das nur der Wind? Bin ich hier allein? Sitzt direkt neben mir ein Geist, der mitgekommen ist? Oder ist es nur mein Schutzengel, vor dem ich ja keine Angst zu haben brauche?« Da waren so viele Fragen in meinem Kopf, auf die ich keine Antworten hatte. Klar, ich war elf Jahre alt, und das Erlebnis war zwar megacool, aber eben auch ganz schön furchteinflößend. Diese, meine erste, Séance begleitete mich noch Wochen, ja, Monate in meinen Alltag hinein. Denn ich zog mich nicht mehr um, ohne mich zu verstecken, weil ich mir dachte, die Geister würden mich beobachten. Statt kurz unter die Dusche zu springen, ließ ich nur noch die Badewanne volllaufen mit ganz viel Schaumbad. Da hüpfte ich dann schnell rein und bedeckte alle nackten Stellen eilig mit Schaum, weil ich dachte, die Geister guckten mir was weg. Das war so unangenehm, ich fühlte mich nur noch beobachtet. Ich realisierte mit meinen elf Jahren zum ersten Mal: Hey, es gibt Geister! Und die sind nun mal überall.

Mein Schutzengel

Was ich von meiner ersten Ouija-Board-Sitzung definitiv mitgenommen habe, ist das Band zu meinem Schutzengel – das nun schon seit 23 Jahren besteht.

Er ist seitdem bei all meinen Ouija-Board-Sitzungen immer der Erste, der Kontakt zu mir aufnimmt, um mir mitzuteilen, dass er da ist. Ein großartiges, beruhigendes Gefühl!

Als elfjähriges Mädchen gab es aber eine Zeit direkt nach der ersten Begegnung, in der ich regelrecht besessen von ihm war. Von JK. Für mich als Kind war es natürlich etwas Megabesonderes, einen eigenen Engel für mich zu haben! Ich laberte von morgens bis abends mit ihm, weil ich ja jetzt wusste, dass ich nie allein war. Mein ganz persönlicher Schutzengel passte auf mich auf. Morgens im Bett, wenn ich aufwachte. In der Schule auf dem Pausenhof. Oder nachmittags beim Eisessen. Natürlich sprach ich immer nur mit ihm, wenn ich allein war. Was hätten meine Freundinnen sonst von mir gedacht? Ich fantasierte viel, wie er aussehen könnte: Von der ersten Sekunde an war er in meinem Kopf ein riesiger weißer Engel, männlich, wenngleich Engel ja geschlechtslos sind. Seine Flügel waren so riesig, dass seine Flügelschläge Stürme auslösen konnten. Gleichzeitig hatte mein Schutzengel eine extrem helle, positive und warme Aura – die er natürlich immer noch hat! Irgendwann war in meiner Teenagerzeit alles voll mit seinen Initialen: Mein Schulranzen, mein Federmäppchen, mein Tisch in der Schule, alles war vollgekritzelt mit »JK« in schwarzer Farbe. Ich weiß bis heute nicht, wofür die Buchstaben »JK« stehen, aber ich packte sie überallhin wie ein verliebter Teenager. Gott sei Dank konnte ich mich damals noch nicht tätowieren lassen, sonst würde JK heute sicher an mehreren Körperstellen prangen.

Nachdem meine Mutter und ich mit eigenen Augen gesehen hatten, wie mich mein Schutzengel kontaktierte, fiel ihr auch eine Situation ein, in der dieser definitiv schon bei mir gewesen war – und davon erzählte sie mir aufgeregt. Als Fünfjährige war mir etwas passiert, bei dem ich eigentlich hätte sterben müssen. Aber mir wurde kein Haar gekrümmt.

Bei uns in der Graefestraße gab es um die Ecke, nur circa dreihundert Meter von unserem Haus entfernt, einen Dönerladen. Da gingen wir einmal die Woche hin und kauften für die ganze Familie Essen. An jenem Abend war ich nur mit meinem Vater unterwegs. Während er in der Schlange stand und wartete, bis er mit unserer Bestellung an der Reihe war, wurde ich unruhig. In dem Laden standen drei Stehtische aus schwarzem, massivem Metall mit schwerer Marmorplatte. Die hatte einen guten halben Meter Durchmesser. Perfekt zum Turnen! Ich war ja noch so klein, dass ich noch gut unter den Tisch passte. Erst probierte ich, die Stange herunterzurutschen. Dann wollte ich am Tischrand eine Runde baumeln. Da passierte es, alles ging so schnell. Bämm. Der Tisch kippte rückwärts mit mir um. Ich sah noch meinen Vater mit weit aufgerissenen Augen auf mich zurennen. Aber jegliche Hilfe kam zu spät. Für mich stand für einen kleinen Moment die Welt still. Wie in Zeitlupe fiel ich zu Boden. Mein Herz raste. Der schwere Tisch und ich, wir gingen gemeinsam mit einem lauten Knall zu Boden. Die Marmorplatte flog dabei so knapp an meinem Kopf vorbei – da hätte nicht mal mehr ein Haar zwischen meinen Schädel und diesen schweren Stein gepasst. Ich lag auf dem Fliesenboden, zitternd. Die Tischplatte hatte mich knapp verfehlt, dennoch klemmte ich unter dem Tisch fest und konnte mich kaum bewegen. Geschweige denn aufstehen. Es brauchte drei erwachsene Männer, um ihn wieder aufzustellen. Ich kam langsam auf die Füße und hatte nur Schiss, dass ich jetzt richtig Ärger bekomme von meinem Vater. Dabei freute der sich einfach nur riesig, dass ich keinen einzigen Kratzer hatte. Er guckte mich von oben bis unten an. »Geht es dir gut? Tut dir was weh?«, fragte er. Mein Vater zitterte dabei am ganzen Körper. Ich schüttelte den Kopf. Er murmelte vor sich hin: »Was hätte ich nur deiner Mutter sagen sollen, wenn dir was passiert wäre?! Was hast du dir dabei gedacht?!« Das war noch mal gut gegangen. Aber keiner in diesem Laden verstand, wie mir dabei nichts passiert war.

Dass JK immer bei mir ist, zeigte er mir ein zweites Mal eindrucksvoll bei einem Ausflug mit meiner

Mutter. Ich war schon zwanzig Jahre alt und brauchte ein neues Turnierpferd.

Insgesamt bin ich übrigens 16 Jahre erfolgreich Dressur geritten, und jeder, der den Reitsport kennt, weiß, dass man dabei häufig Blessuren bekommt. Alle um mich herum sind mindestens einmal schwer gestürzt, brachen sich den Arm oder eine Rippe, bei meiner Mutter war es das Steißbein. Aber egal wie oft ich vom Pferd gefallen bin, ich landete immer ausnahmslos auf meinen Füßen. Und das, obwohl ich oft junge, wilde Pferde hatte, die erst eingeritten werden mussten. Auch da würde ich heute sagen: Schutzengel! Danke!

Mit 16 las ich dann in einer Zeitungsanzeige von besonders schönen Tieren auf einem Bauernhof in Dresden. Also fuhren meine Mutter und ich dorthin, die angebotenen Pferde klangen wirklich vielversprechend. Der Hof selbst wirkte ziemlich heruntergekommen, und auch die Pferdeboxen waren dunkel und alles andere als einladend. Da machte uns der Hofbesitzer einen düsteren Stall auf, und vor uns stand ein pechschwarzer, komplett verwilderter, aber so wunderschöner Hengst, ein Rappe. Da war mir sofort klar: »Das ist mein

Pferd!« Rückenmaß 175 bis 180 Zentimeter, unglaublich muskulös. Ich nannte ihn passenderweise »Phantom«. Er hatte wirklich nirgends auch nur ein weißes Haar. Leider erschrak er sich sehr, als die Tür aufging, weil er anscheinend kein Licht kannte. Ich merkte auch sofort, dass er keinen Auslauf gehabt hatte. Er stand da nur in dem dunklen Stall herum, weil keiner mit diesem wilden Pferd umgehen konnte. Das tat mir in der Seele weh, deshalb wollten wir ihn unbedingt und auf der Stelle retten. Einen Stall weiter sahen wir noch einen kleinen weiß-grauen Schimmelhengst, auch in einer dunklen Box, ganz allein, ein wunderschönes Pony mit langer, welliger Mähne, einem vollen Schweif und genauso verwildert wie Phantom.

Solch schöne Pferde kennt man nur aus Büchern. Meine Mutter und ich mussten nicht mal miteinander sprechen, wir guckten uns nur an und wussten es beide sofort: Diese beiden Hengste würden wir zu uns nach Hause holen. Phantom sollte mein Dressurpferd werden.

Zwei Wochen später fuhr ich gemeinsam mit meiner Mutter wieder nach Dresden, um die Tiere abzuholen und auf unseren Reiterhof in Brandenburg zu bringen.

Wir waren voller Vorfreude auf unsere neuen tollen Pferde, auch wenn wir durchaus Respekt vor deren Wildheit hatten. Das sollte allerdings nicht unser Problem werden.

Wir kannten den Weg und hörten gut gelaunt Radio. Trotzdem lief unser Navigationsgerät nebenbei – sicher ist sicher. Auf einmal sagte ebendieses ziemlich unvermittelt auf halber Strecke: »Nehmen Sie bitte die nächste Ausfahrt!« Was sollte das denn jetzt? Wir wussten ganz sicher, dass wir an der Stelle noch nicht abfahren mussten. Das Navi – wie Navis nun mal so sind – blieb stoisch bei seiner Ansage: »Nehmen Sie bitte die Ausfahrt! In zweihundert Metern, in hundert Metern, nehmen Sie die Ausfahrt.« Wir zögerten noch kurz. »Biegen Sie bitte jetzt rechts ab!« Wir taten widerwillig wie geheißen und nahmen die Ausfahrt. Meine Mutter meinte: »Vielleicht gibt es eine Baustelle, und das ist eine Umleitung. Es wird schon einen Grund haben.«

Als wir dann aber gerade von der Autobahn heruntergefahren waren, sagte das Navi so ziemlich genau in der Sekunde: »Bitte wenden! Fahren Sie zurück auf die Autobahn und halten Sie sich an die vorgegebene Route!« Was? Für solche Späße hatten wir echt keine

Zeit – und waren total genervt. Wir hatten so gar keine Lust auf sinnlose Umwege. Aber es half ja nichts. Wir wendeten bei der nächsten Gelegenheit. Als wir zurück auf die Autobahn fuhren, sahen wir sie sofort: die Riesenschlange an Autos. Wir hörten die Krankenwagensirenen näherkommen. Alle machten Platz. Dann herrschte Stillstand. Wir dachten schon, dass da etwas Furchtbares passiert sein musste. Da wurde im Radio genau davon berichtet: ein schwerer Autounfall auf der A 13, zwei Kilometer Stau. Wir standen etliche Stunden, so lang dauerte es, die fünf komplett demolierten Autos von der Fahrbahn zu räumen. Wie viele Verletzte oder Tote es gab, wurde nicht berichtet. Meine Mutter und ich waren uns sicher: Hätte unser Navigationsgerät uns nicht im richtigen Moment von der Autobahn weggeführt, wären wir in einen Unfall verwickelt gewesen. Das war kein Zufall. Ich war so unter Schock und so baff. Da hatte mein Schutzengel definitiv seine Finger im Spiel! Wir konnten einfach nicht glauben, was da gerade passiert war. Tief in mir drin dankte ich JK von Herzen. Jeder kann mir erzählen, das war ein Zufall – für mich war das niemals bloßer Zufall an diesem Tag! Solche Zufälle gibt es nicht.

Die Schlafparalyse

Schon mal was von einer Schlafparalyse gehört? Die gehört wohl zu den unheimlichsten Phänomenen unseres Körpers: Während der Geist wach ist, befindet sich der Körper in einer Art Lähmungszustand. Du hast das Gefühl, aus einer Situation unbedingt fliehen zu wollen, möchtest schnellstmöglich einfach nur wegrennen. Aber du kannst noch nicht mal dein rechtes Bein anheben. Denn deine komplette Muskulatur gehorcht dir nicht mehr. Wirklich gruselig, oder? Biologisch gesehen ist diese Schlafparalyse wichtig, weil so verhindert wird, dass wir in der Tiefschlafphase bei intensiven Träumen körperlich mitgehen – und dann munter durch die Wohnung spazieren und uns womöglich in irgendeiner Form selbst verletzen. Manchmal erleben Menschen diesen Vorgang allerdings nicht im Tiefschlaf, sondern bei richtig wachem Geist. Dann wird es furchteinflößend. Mir passierte das, als ich ungefähr 16 Jahre alt war.

In dieser einen Nacht regnete es in Strömen. Ich hörte die dicken Regentropfen, wie sie das Wohnzimmerfenster trafen und am Fensterbrett wie ein kleiner Wasserfall herunterliefen. Blitze und gewaltiges

Donnern wechselten sich ab. Das Gewitter war so stark, man hätte meinen können, die ganze Erde bebte. Umso kuscheliger machten meine Mutter und ich es uns drinnen auf unserer riesigen L-förmigen Couch aus beigem Wildleder. Wir haben ein sehr inniges Verhältnis, und zu der Zeit schliefen wir oft zu zweit im Wohnzimmer. Meine Schwester war schon ausgezogen, und mein Vater ging manchmal früher ins Bett. Weil meine Mama und ich abends oft noch lange zusammen fernsahen, war das Sofa perfekt, um gleich dort zu schlafen. Auch an diesem gewittrigen Abend guckten wir fern.

Meine Mutter schlief zuerst ein, da war es vielleicht erst zehn Uhr – es passierte häufiger, dass sie viel früher eindöste als ich. Draußen krachte und wütete es. Aber ich war so müde, dass ich kurz später auch einschlief, Kopf an Kopf mit meiner Mutter.

Plötzlich wurde ich durch ein lautes Geräusch schreckartig wach! War es ein Türknallen? Oder doch das Prasseln des Regens an unserem Wohnzimmerfenster? Mein Blick ging nach oben rechts in die Ecke des Wohnzimmers, und ich konnte es aus dem Augenwinkel sehen: Da war eine Gestalt, die ganz schnell weghuschte. Ein Schaudern durchzog meinen ganzen

Körper. Ich wollte mich aufsetzen und schnell meine Mutter wecken. Da sah ich sie wieder. Die Gestalt. Diesmal hatte ich sie ganz klar vor mir: Es war ein Mensch. Und irgendwie auch kein Mensch. Die Gestalt hatte Arme und Beine, einen Kopf mit Gesicht, aber war komplett aus Wasser. Der Körper bestand aus Wellen und sah aus wie der Ozean. Dieses unheimliche Wesen schwebte nun direkt über mir. Ich wollte laut »Hilfe« rufen, aber aus meinem Mund kam kein Ton heraus. Ich musste hier weg. Schnell! Doch ich konnte mich nicht bewegen, mein Körper gehorchte mir nicht mehr. In der Sekunde fiel es auf mich herab und würgte mich. Meine Mutter schnarchte leise neben mir. »Ich ersticke! Ich bekomme keine Luft mehr!« Mein Körper fühlte sich eiskalt an. »Maaaama!« Ein stummer Schrei. Sie musste das doch spüren. Sie war

© Lou

so nah bei mir und doch so weit weg. Meine Finger wollten nach ihr greifen, aber sie bewegten sich keinen Millimeter. So fühlt sich der Tod also an, dachte ich. Da löste die Gestalt ganz unvermittelt ihren Griff und verschwand so schnell, wie sie gekommen war. Ich sog tief Luft in meine Lungen. »MAMA!«, schrie ich. Jetzt kam er, der Schrei. Meine Mutter schreckte voller Schock hoch. »Was ist los? Was ist passiert? Warum schreist du so?«, fragte sie sofort besorgt, als sie in mein leichenblasses Gesicht schaute. Als ich aufstand, ging das wie in Zeitlupe, ich konnte immer noch nicht ganz glauben, dass mein Körper sich wieder normal bewegen konnte. Ich wollte zu meiner Mama in den Arm, da fiel mein Blick auf die Stelle, an der ich gelegen hatte: In unserer noch ziemlich neuen Couch, die vorher perfekt und glatt ausgesehen hatte, war eine fette Kuhle. So als wäre etwas richtig Schweres an der Stelle draufgefallen und heruntergedrückt worden – diese Kuhle ging nie wieder weg.

Lous Kindheit und Jugend

Anders als Lisha habe ich von klein auf alles, was mit Geistern und dem ganzen Kram zu tun hat, eher belächelt. Ist doch Schwachsinn. Wer glaubt denn schon ernsthaft an so etwas?

Erst als ich mit Lisha zusammenkam und wir gemeinsam all das erlebt haben, was ihr hier lesen könnt, sind mir auch einige wirklich merkwürdige und unerklärliche Situationen von früher eingefallen. Die hatte ich als Kind und Jugendlicher einfach so gedanklich zur Seite gepackt und schnell wieder vergessen. Aber auch in meinem Leben gab es mysteriöse Erlebnisse, die es in sich hatten ...

Geister: Ein kurzer historischer Abriss

Ein Geist ist ein immaterielles oder »feinstoffliches« Wesen, dem übermenschliche, aber begrenzte Fähigkeiten zugeschrieben werden. Geistwesen sind Bestandteil zahlreicher Religionen und Mythen und gelten als Übermittler von Botschaften aus dem Jenseits. Moderne Formen des Geisterglaubens, bei denen die Möglichkeit der Kontaktaufnahme im Mittelpunkt steht, nennt man Spiritismus. Hierzu gehören unter anderem auch die individuell und oft nicht religiös verorteten Séancen zur Totenbeschwörung in den westlichen Kulturen, die vor allem um die Wende zum 20. Jahrhundert in einigen Kreisen verbreitet waren. Die Anhängerschaft des Spiritismus wird weltweit auf über hundert Millionen geschätzt.

Typologie

Mit dem Begriff »Geist« können verschiedene Arten gemeint sein:

- Naturgeister, die in Verbindung mit einem bestimmten Ort in der Natur stehen oder dessen »Seele« sind – ob Pflanze, Fluss oder beispielsweise ein Gewitter
- Herr der Tiere, die Vorstellung einer Gottheit als Eigentümer der Natur, Gebieter über Leben und Tod der Menschen in Jäger-und-Sammler-Kulturen

- Geister der Verstorbenen im Ahnenkult
- Totengeister – spukende Totengeister nennt man »Gespenster«.
- Haus- und Herdgeister, die Haus und Hof beseelen und bewachen
- Engel sind in dcn monotheistischen Weltreligionen positiv besetzte geflügelte Geistwesen in Menschengestalt.
- Dämonen sind in vielen Kulturen Unheil bringende Geistwesen.
- Teufel sind in meist monotheistischen Religionen solche Geistwesen, die zur Gottheit oder ihrer Ordnung übelwollend eingestellt sind.
- Schutzgeister

Wissenschaft

Die zuständige Wissenschaft ist die Parapsychologie. Sie versteht sich als wissenschaftlicher Forschungszweig, der jenseits des normalen Wachbewusstseins liegende übernatürliche Fähigkeiten untersucht, die das normale Erkenntnisvermögen überschreiten, und ihre Ursachen sowie ein mögliches Leben nach dem Tod. Ihre Geschichte begann 1862 mit der Gründung des Ghost Club in England, der es sich zur Aufgabe machte, Geistererscheinungen zu untersuchen. 1882 wurde in London die Society for Psychical Research (SPR) gegründet. Ihre Forschungsgegenstände waren unter anderem Telepathie, Hypnose, Geistererscheinungen und Materialisationen. Die SPR wurde zum Vorbild für ähnliche Gesellschaften in anderen europäischen Ländern und in den Vereinigten Staaten im späten 19. Jahrhundert. In Deutschland gründeten 1886 Albert Freiherr von Schrenck-Notzing und Carl du Prel die Psychologische Gesellschaft in München.

Die Siebzigerjahre des 20. Jahrhunderts gelten als Dekade intensiver parapsychologischer Forschung.

In Deutschland wird parapsychologische Forschung aktuell am Institut für Grenzgebiete der Psychologie und Psychohygiene (IGPP) unter der Leitung von Dieter Vaitl und an der von Walter von Lucadou geleiteten Parapsychologischen Beratungsstelle in Freiburg betrieben.

Ein bizarrer Streich

Eine Sache in meiner Kindheit verstörte mich sogar ganz schön. Dazu springen wir zurück in eine Zeit, in der ich acht, neun Jahre alt war. Ihr müsst wissen: Ich war ein anstrengendes Kind und sehr oft sehr frech. Wenn meine Mutter »Sei jetzt leiser« sagte, war ich extra laut beim Spielen. Wenn ich kommen sollte, trödelte ich absichtlich. Und wenn ich irgendeinen Ninja Turtle oder den neuen Power Ranger, den ich unbedingt haben wollte, nicht bekam, konnte es gut passieren, dass ich mich auf die Straße geworfen und ordentlich Terror gemacht habe.

So kann ich mich auch an besagten Tag als einen erinnern, an dem es Ärger gab. Ich war mit meiner Mutter in einem kleinen Spielzeugladen in Spandau, direkt hinter dem großen Hertie-Kaufhaus. Da sah ich das Batmobil im Regal stehen – ja, das musste ich haben! Ich hielt es in der Hand, bewunderte es von allen Seiten und wusste, das gebe ich nicht mehr her. Allerdings war es so teuer, dass meine Mutter ziemlich schnell meinte, ich könne das jetzt auf keinen Fall haben. Ich war aber absolut nicht bereit, dieses Megafahrzeug kampflos aufzugeben. Meine Mutter versuchte, es mir aus der Hand zu nehmen. Keine Chance. Ich plärrte wütend: »Mama, du bist so geizig! Wenn ich Geld hätte, würde ich das meinem Kind auch sofort holen!« Zu der Zeit konnte ich eben nicht einordnen, dass meine Eltern mich nur nicht zu sehr verwöhnen und mich so erziehen wollten, dass ich das zu schätzen weiß, was ich habe.

Ich fing in dem Laden lautstark an zu weinen, das Batmobil noch immer in meiner Hand. Die Leute guckten, bis meine Mutter energisch zu mir sagte: »Wenn du so weitermachst, dann werde ich gehen!« Damit drohte sie mir die ganze Zeit – wie Eltern das ja manchmal so machen, obwohl sie genau wissen, dass sie das niemals tun würden. Ende des Liedes: Irgendwann wanderte das Batmobil zurück ins Regal, und meine Mutter zog einen verweinten, störrischen Jungen aus dem Laden.

Als wir zu Hause in unserer Wohnung, die ebenfalls in Spandau lag, ankamen, war ich immer noch eingeschnappt – und meine Mutter sehr angestrengt. Ich setzte mich ins Wohnzimmer vor den Fernseher und guckte einen Zeichentrickfilm, während meine Mutter drei Zimmer weiter in der Küche offenbar schon mal anfing, das Abendessen vorzubereiten. Ich hörte Tellerklappern. Als ich auf Toilette gehen wollte, sah ich in unserem langen Flur, von dem aus alle Zimmer abgingen, direkt, dass die Eingangstür unserer Wohnung offen stand. Komisch. War Mama noch mal hinausgegangen? Oder bekamen wir Besuch? Ich sah kurz nach, guckte rechts und links in den Hausflur. Da war aber keiner. Dann rief ich meine Mama. Keine Antwort. Ich dachte in dem Moment, dass sie es mir jetzt heimzahlt und sich aus Spaß vor mir versteckt, war mir aber sicher: Die kommt schon wieder! Also schloss ich die Haustür, ging ins Wohnzimmer zurück und sah weiter fern. Ein paar Minuten später klingelte es an der Haustür. Hä? Meine Mutter hatte doch einen Schlüssel. Ich lief erneut zur Tür hin, öffnete, und da war sie – meine Mama. Gott sei Dank. Aber halt. Das war nicht die Mutter, die ich kannte. Sie sah aus wie sie, eins zu eins, sie trug das gleiche buntgeblümte Kleid und ihr graues Kopftuch wie schon den ganzen Tag. Aber als ich ihr strahlend vor Erleichterung darüber, dass sie wieder da war, ins Gesicht blickte, durchfuhr mich ein Angstschauder: Da war keine Emotion im Gesicht, diese Person blickte nur eiskalt aus starren Augen und hatte so gar keinen Ausdruck. Ihr Gesicht war wie hart gewordene Knete. Da bekam ich ein ganz merkwürdiges Gefühl im Bauch. »Mama, bist du das?«, fragte ich halb flüsternd. Keine Antwort. Ich fragte vorsichtig weiter: »Warum siehst du so anders aus?« Wieder keine Reaktion. Ich machte mir in dem

Moment fast in die Hose, so große Angst hatte ich. Dieses Gegenüber war irgendwie kein Mensch.

Typisch Kind, nahm ich erst mal Reißaus und setzte mich schnell wieder auf die Couch im Wohnzimmer. Der Fernseher lief ja noch. Ich wartete stumm mit klopfendem Herzen, was jetzt wohl passieren mochte. Was diese komische Frau jetzt machen würde. Ich sah nur aus dem Augenwinkel, dass sie ganz langsam schlurfend Richtung Küche lief – und traute mich nicht, näher hinzusehen. Ich wusste überhaupt nicht, was ich tun sollte. Doch lieber nachgucken, ob mit Mama alles in Ordnung ist? Ich rief erst mal nach ihr, fragte, ob alles okay sei. Keine Antwort. Also ging ich zögerlich mit klopfendem Herzen in unsere gemütliche, helle Küche. Da saß sie auf der weißen Eckbank, den Blick zum großen Fenster. Ich setzte mich neben sie, wollte mit ihr reden und mich vergewissern, dass sie doch meine Mama war. »Warum siehst du so komisch aus?«, versuchte ich es erneut. Endlich kam eine Antwort, mit ganz monotoner Stimme sagte die Person: »Deine Mutter hat mich geschickt. Ich gehe erst wieder, wenn du deine Taten bereust und dich änderst!« Dabei waren ihre

Augen eiskalt. Ihr ganzer Gesichtsausdruck war wie versteinert. So etwas kann man nicht spielen! Meine Mutter sah aus wie eine Leiche. So bewegungslos. Als dann von ihr plötzlich die Frage kam: »Willst du, dass deine Mutter zurückkommt?«, meinte ich weinerlich: »JA!« Ich konnte meine Tränen nicht zurückhalten. Ich wollte meine Mama wieder! Ich weinte immer heftiger, sodass mein ganzer kleiner Körper bebte. Spätestens jetzt wusste ich mit Bestimmtheit: Hier ist etwas gar nicht in Ordnung. Denn ich kenne meine Mutter: Die knickt immer ein, vor allem wenn es mir nicht gut geht. Das ist so und war auch immer so. Ich bin ihr erstgeborener Sohn. Aber in dem Moment sah ich an ihren Augen, dass sich in ihr beim Anblick meiner Tränen nichts tat, da war keine Gefühlsregung, sie verzog keine Miene – obwohl ihr kleiner Junge so aufgelöst vor ihr stand. Im Gegenteil. Sie stand auf und ging ohne ein weiteres Wort zur Küchentür hinaus, den Flur entlang, öffnete die Haustür und wankte schlurfend hinaus. Ich hinterher. Wir wohnten im zweiten Stock. Ich konnte also sehen, wie sie im Treppenhaus nach unten lief, wie sie jede Stufe ganz langsam wie in Zeitlupe hinunterging. Ich wollte rufen:

»Nein, Mama, geh nicht!« Aber es war ja irgendwie gar nicht meine Mama!

Also lief ich wieder hoch in unsere Wohnung zum Küchenfenster, weil ich ihr hinterherschauen wollte. Ich musste wissen, wo sie hinging, in welche Richtung diese Person lief. Aber sie kam nicht aus dem Haus heraus. Nach zehn Minuten ging ich noch mal ins Treppenhaus, lief die zwei Stockwerke nach unten, um genau nachzusehen – keiner mehr da. Panik machte sich in mir breit. Ich rannte wieder hoch, zurück in unsere Wohnung, stellte mich ans Fenster und wartete. Nach einer gefühlten Ewigkeit sah ich sie. In ihrem geblümten Kleid und mit ihrem grauen Kopftuch konnte ich sie schon von Weitem erkennen: Das war meine Mama! Mit dem Brot unterm Arm. Das war ihre Ausstrahlung. Ihre Augen waren viel größer, und ihr Mund zeigte gleich ein strahlendes Lächeln, als ich ihr an der Haustür entgegenrannte. Ich kann gar nicht sagen, wie erleichtert ich war. Sie habe nur noch schnell ein Brot holen wollen. Als ich ihr mit bebender Stimme von der Situation erzählte, die mir gerade passiert war, erschrak sie selbst. Zum einen, weil sie so etwas doch nie mit mir gemacht hätte, und zum anderen, weil es ihr leidtat, dass ich das hatte erleben müssen.

Und außerdem, weil sie plötzlich selbst an ein ähnlich gruseliges Erlebnis denken musste, von dem sie mir Jahre später auch erzählte. Meine Mama war und ist eine streng gläubige Muslimin, die fünfmal am Tag betet, zu Ramadan fastet und mit solchen Dingen grundsätzlich nie spaßen würde.

Als sie mit meiner Schwester schwanger war und ich ein fünfjähriger Junge, machte sie gerade Mittagsschlaf, da klingelte es an der Haustür. Sie lief langsam und noch etwas schläfrig hin, guckte durchs Schlüsselloch und sah, dass es mein Papa war. Sie öffnete, begrüßte ihn herzlich und freute sich, dass er früher von der Arbeit heimkam. Er aber antwortete nicht, sagte nicht mal »Hallo« und hatte gar keinen Ausdruck im Gesicht. Dieser Mann blickte sie nur mit ganz starren Augen an. In dem Moment bekam sie schon ein klein wenig Angst und überlegte, die Tür einfach wieder zuzumachen. Er war allerdings schneller und drückte richtig aggressiv gegen die Tür. Da hatte sie als kleine, zierliche Frau keine Chance, die Tür wieder zu schließen. Sie erzählte mir, ihr Gefühl habe ihr in dem Moment gesagt: Mit dem stimmt etwas nicht. Ob er besessen war oder was auch immer, aber ihr Mann war einfach nicht ihr Mann! Ganz monoton und zielstrebig lief diese Gestalt in die Wohnung. Sie stellte sich ihm kurz in den Weg, um ihn zur Rede zu stellen. Da guckte er sie nur eiskalt an, schubste sie nach hinten und legte dann sogar seine Finger um ihren Hals, um sie zu würgen. Sie konnte sich losreißen. Und rannte aus Angst um ihr Leben, so schnell sie konnte, ins Schlafzimmer, schaffte es gerade noch, den Schlüssel umzudrehen. Mit klopfendem Herzen lehnte sie von innen an der Tür und hörte, wie jemand Schubfächer auf- und zumachte und offenbar die Wohnung durchwühlte. Sie setzte sich, am ganzen Körper zitternd, aufs Bett und wartete. Hier drin war sie sicher. Dann knallte die Tür, und es war nichts mehr zu hören. Da schnappte sie sich schnell das Telefon und rief meinen Papa an. »Orhan, was war das gerade? Was stimmt nicht mit dir?«, brüllte sie in den Hörer. »Was hast du hier gemacht?« Aber er antwortete nur ganz ruhig und entspannt: »Was ist denn los? Ich bin auf der Arbeit. Du weißt doch, dass ich heute erst gegen achtzehn Uhr Feierabend habe. Wie kommst du darauf, dass ich zu Hause war?« Da war meine Mama so verwirrt. Sie hatte das doch nicht geträumt?! Was da passiert war, kann sie sich bis heute nicht erklären. Einfach nur krank, dass meiner Mama und mir fast dieselbe Horrorgeschichte passiert ist.

Der Besuch des dunklen Wesens

Eine weitere Begegnung mit einem Wesen der anderen Art hatte ich mit 17 Jahren. Ich war ein Typ mit Boxerschnitt, Bomberjacke und breiten Cargohosen, immer noch hyperaktiv und mit dieser »Ich bins«-Überzeugung. Zu der Zeit baute ich ziemlich viel Mist. Ich ging noch zur Schule und wohnte auch immer noch mit meinen Eltern, meiner Schwester und meinem Bruder zusammen. Mittlerweile waren wir nach Kreuzberg umgezogen, in eine Altbauwohnung im Erdgeschoss. Ich war allem gegenüber skeptisch, was ich nicht mit meinen eigenen Augen sehen und mit meinen bloßen Händen anfassen konnte. Bei den Moslems sagt man, dass jeden Gläubigen einmal im Leben ein Wesen besucht. Das kann mit vierzig Jahren sein, mit sechzig oder auch mit zwölf schon. Das erklärte mir meine Mama, als ich noch kleiner war, aber auch meine Mitschüler und Freunde sprachen darüber immer mal wieder in der Pause auf dem Schulhof. Es könne sein, dass man dabei sterbe, wenn dieses Wesen komme. Denn man kriege keine Luft mehr. Sie sagten auch, dass die Leute, die einschlafen und nicht mehr aufwachen, daran sterben. Ich habe nie so richtig daran geglaubt, dass dieses dunkle Wesen wirklich kommt, geschweige denn dass es überhaupt existiert. Bis zu folgendem Tag …

Ich lag abends im Bett und hatte einen richtigen Scheißtag, weil ich – mal wieder – von der Polizei nach Hause gebracht worden war und dann furchtbar mit meinem Vater gestritten hatte. Ich hatte ja nie mein eigenes Zimmer, sondern musste es immer mit meinen Geschwistern teilen – selbst mit 17 noch. Ich schlief in dem Bett direkt neben der Tür. In dieser Nacht war ich superunruhig. Ich fühlte mich beobachtet. Das weiß ich noch ganz genau. Es fühlte sich so an, als wäre da noch jemand mit im Zimmer – und meine Geschwister waren es nicht, weil die in der Nacht beide woanders schliefen. Ich schreckte mitten in der Nacht auf. Es war dunkel, nur das Licht von der Straßenlaterne fiel mit einem ganz zarten Schein ins Zimmer. Ich sah ihn sofort: den dunklen Schatten in der linken Zimmerecke. Erst dachte ich, der komme vom Scheinwerfer eines Autos, das gerade draußen vorbeifuhr. Dass es das aber nicht sein konnte, merkte ich daran, dass sich dieser Schatten anders bewegte: Von der linken Zimmerecke huschte er, genau in dem Moment, als ich hinguckte, blitzschnell in die andere Ecke – und wenn ich dann hinterherschaute, wiedcr nach links. Das ging vicr-, fünfmal so schncll hin und her, dass ich die Gestalt nie richtig sehen konnte. Dabei kam es aber schlimmerweise immer näher in meine Richtung. Ich schwitzte. Dann stoppte es direkt vor meiner Nase. Und ganz plötzlich spürte ich auf meinem Brustkorb den schlimmsten Druck, den man sich nur vorstellen kann. Ich kriege heute noch Gänsehaut, wenn ich nur daran denke. Es war ein Druck nicht wie von einer Hand, sondern eher wie wenn sich ein schwerer Körper so richtig auf deinen Brustkorb draufsetzt. In dem Augenblick spürte ich genau, dass mein Herz aussetzte. Es hörte kurz auf zu schlagen. Stillstand. Aus Reflex wollte ich als Erstes ganz laut auf Türkisch nach meiner Mama schreien – obwohl ich das bestimmt schon zehn Jahre lang nicht mehr gemacht hatte. Aber es kam kein Ton heraus. Ich versuchte zu schreien – aber es ging nicht. Der Schrei blieb mir in der Kehle stecken. Ich wollte mich aus dem Bett schmeißen und so schnell wie möglich vor dem Wesen davonrennen. Aber auch das ging nicht.

Mein Körper reagierte nicht. In dem Moment war ich mir sicher: Ich werde gleich sterben! Dieses Wesen war direkt vor mir. Ich musste atmen! Es war richtig ekelhaft. Ich konnte dieses Wesen nicht sehen, weil es keine Gestalt hatte. Und doch spürte ich es so deutlich, als würde ich es sehen. Ich merkte immer mehr: Gleich war *game over*, gleich war ich weg vom Fenster. Ich musste nach Luft ringen. Meine Augen waren schon von Dunkelheit umgeben, ich konnte kaum noch was sehen. Dann pumpte mein Herz einmal so heftig, dass ich es überall spüren konnte – vom Kopf bis in die Zehen. Ich atmete so tief ein, dass sich meine Lungen richtig aufblähten. Bewegen konnte ich mich immer noch nicht, ich war wie gelähmt. Also versuchte ich erst mal, wieder richtig zu atmen. Einige Minuten lang, dann beruhigte sich mein Atem. Ganz langsam. Aber mein Körper war wie tot, ich konnte nicht aus dem Bett. Obwohl ich immer noch so schnell wie möglich wegwollte!

Ihr kennt ja das Gefühl, wenn das Bein eingeschlafen ist und dann so pikt, weil es taub ist. Dieses Taubheitsgefühl, dieses Piken, hatte ich am ganzen Körper, in den Fingerspitzen, in den Augen, sogar an der Nasenspitze. Da merkte ich: Wenn dein Herz nicht mehr pumpt, fließt dein Blut einfach nicht mehr. Jetzt musste mein Blut erst mal wieder überallhin laufen. Das tat so weh. Der Schmerz war unfassbar schlimm. Als Nächstes krabbelte ich auf allen vieren, wirklich wie ein Hund, ganz langsam zu meiner Mutter. Dabei war es überall dunkel in der Wohnung. Von draußen schien etwas Licht durch die Fenster, die Möbel waren finstere Schatten. Es war leider ein weiter Weg, ich musste von unserem Kinderzimmer durchs Wohnzimmer, durch den ganzen Flur, um dann endlich völlig fertig bei ihr im Schlafzimmer anzukommen. Ich rüttelte meine Mutter mit einer Hand wach. Sie blinzelte erst, machte ihre Nachttischlampe erschrocken an und sagte auf Türkisch: »*Oglum ne oldu? Lyi misin? Yuzün bem bey!*« Was so viel heißt wie: »Mein Sohn, was ist passiert? Geht es dir gut? Du bist kreidebleich im Gesicht!« Sie war aber sofort hellwach, als sie mich in dem Zustand sah. Ich war so blass, ich konnte mich kaum rühren. Ich stotterte auch nur: »Mama, ich weiß es nicht! Hilf mir!« So unter Schock stand ich. Meine Mama nahm mich in den Arm. Dann band sie sich ein weißes Kopftuch um und sprach ein langes, schützendes Gebet auf Arabisch für mich. In ihrem weißen Nachthemd sah sie aus wie ein Engel, und ich fühlte mich, obwohl dieses Monster hinter mir her war, mit einem Mal sicher und geborgen. Einschlafen war an dem Abend trotzdem nicht mehr. Meine Mama brachte mich wie einen kleinen Jungen wieder zurück in mein Bett. Dort saß ich bis zum Morgen wach.

Ich dachte in dieser Nacht zum ersten Mal in meinem Leben, dass ich sterben muss. Von dem Moment an wusste ich: Es gibt dieses Wesen, von dem immer alle gesprochen haben! Ich wollte es trotzdem nicht wahrhaben und habe alle Gedanken daran von da an immer verdrängt. Vielleicht war es doch nur ein ganz besonders fieser Traum oder so etwas. Aber tief in mir drin wusste ich: Das war kein Traum.

Lishas Träume – oder andere Dimensionen

Lou und ich waren gerade ein paar Monate zusammen. Am Anfang unserer Beziehung gönnte uns leider keiner unser Glück. Alle meinten: Die beiden werden sich sowieso trennen, die werden niemals zusammenbleiben, die werden sich gegenseitig verarschen. Unsere Beziehung wurde in unserer Kreuzberger Umgebung sehr gehasst, beneidet und stand unter keinem guten Stern. Deshalb schlug Lous Mutter vor: »Lasst uns doch einmal in die *Cami* gehen zu einem *Hoca,* und wir lassen für euch beten, damit all dieser *Nazar* von euch weggeht! Dann steht eure Beziehung unter einem ganz anderen Stern, und ihr habt wieder neue Energie, weil all das Negative von euch weggeht.« Zur Erklärung: *Cami* ist auf Türkisch die Moschee, ein *Hoca* ist ein türkischer Priester, und *Nazar* sagt man im Islam, wenn dich zu viele böse Augen treffen; wenn die anderen dir nichts gönnen und hinter deinem Rücken über dich reden und dir Schlechtes wünschen.

Wenn du zu viel *Nazar* auf dir hast, dann streitest du dich oft mit deinem Partner, hast in deiner Arbeit keinen Erfolg, keine Energie mehr, du bist immer müde, ausgelaugt, und alles ist immer nur negativ.

Deshalb vereinbarte Lous Mutter für uns einen Termin in einer Moschee am Görlitzer Bahnhof in Kreuzberg, die ganz neu, modern und wunderschön ist. Der Termin fiel auf einen Donnerstag, und es war Sommer und unglaublich heiß. Lous Mutter trägt ja sowieso immer Kopftuch, ich band mir aus Respekt an dem Tag auch eines um – und schwitzte schon im Auto auf dem Weg dorthin total. Wir betraten zu dritt die Moschee. Dort fuhren wir mit dem Fahrstuhl in den dritten Stock und klopften an die Tür des *Hocas*. Dieser öffnete, begrüßte uns freundlich und lud uns in sein gemütliches Zimmer ein. Neben ein paar Stühlen und einem schweren Schreibtisch, auf dem der Koran lag, gab es eine Couch, auf der ich Platz nahm. Meine Schwiegermutter und Lou setzten sich auf die Stühle. Der *Hoca* in seinem langen weißen Gewand fragte uns gleich: »Wer seid ihr? Warum seid ihr hier?« Aber noch bevor wir anfangen konnten zu reden, meinte er zu Lou, dass er schon spüren könne, dass ich sehr viel *Nazar* auf mir hätte, zu viele Leute mir etwas nicht gönnen würden, dass viele Leute eifersüchtig auf unsere Beziehung seien und uns die Trennung wünschen würden. Er sagte dann weiter, mit dem Blick zu mir: »Ich bete für dich, dann wird alles besser!«

Dann stellte er sich vor mich, beugte sich leicht über meinen Kopf und fing mit einem kleinen Stock aus Holz in der Hand an zu beten. Ich schloss meine Augen. Wir alle drei hörten aufmerksam zu. In dem Moment merkte ich, dass mir immer wärmer und wärmer wurde. Ich bekam schwer Luft. Meine Knie zitterten. Mir ging es ganz komisch während des gesamten Gebets. Das war ein unangenehmes Gefühl. Als er dann aber nach ungefähr zehn Minuten sein Gebet beendet hatte, fühlte ich mich so gereinigt, als hätte ich gerade neue Energie empfangen. Ich konnte tief durchatmen. Und es war wirklich so, als hätte man mir eine Riesenlast genommen.

Dieses gute Gefühl voll von positiver Energie hielt leider nicht lange an. Für mich folgte eine Zeit der furchtbaren Nächte. Ich glaube, in keiner anderen Phase meines Lebens hatte ich so viele schlimme Träume wie in der Zeit, als Lou und ich frisch zusammen waren und gemeinsam in meiner allerersten Einzimmerwohnung wohnten. Wobei »Träume« eigentlich das falsche Wort ist, aber dazu gleich mehr …

In unserer kleinen Kreuzberger Wohnung gab es nur ein großes Zimmer mit einer extra Nische fürs Bett. Lou saß an diesem Abend vorn auf der Kante und sah sich noch ein paar Folgen der Serie *The Walking Dead* an, während ich schon tief und fest schlief und mich dabei hinten in die Ecke kuschelte. Da wachte ich abrupt auf. Und blickte direkt auf die schwarze Nebelgestalt, die vor meinem Bett stand. Sie hatte eine böse Aura. Ich sprang direkt aus dem Bett. Die Gestalt hatte kein Gesicht, keine Stimme, es war nur eine neblige, schwarze, unglaublich böse Gestalt. Ich drehte mich pfeilartig einmal um mich selbst und sah plötzlich: mich selbst. Wie ich da im Bett lag. Mit Lou neben mir, der immer noch fernsah. Ich verstand nicht: Ist das jetzt ein Traum, oder ist das die Realität? Ich schaute mich in meiner Wohnung um. Alles war so an Ort und Stelle, wie es wirklich war: meine weißen Gardinen, das blaue LED-Licht in der Vitrine, die Duftkerze auf dem Couchtisch. Es lief immer noch *The Walking Dead*. Ich stand in meinen blauen Shorts und meinem weißen Tanktop neben dem Bett und guckte gleichzeitig auf meinen Körper, als wäre ich eine tote Seele.

Von meinem Bauchnabel zu dem Bauchnabel meines daliegenden Körpers führte eine ganz dünne Schnur, wie aus Nebel. Es war wie eine Art Lebensseil – von meiner Seele zu meinem Körper. Da fing dieses Vieh, diese schwarze Nebelgestalt, an, mit mir zu kämpfen, und wollte mit aller Gewalt diese Schnur zerreißen. Etwas in mir sagte: Wenn das Wesen das schafft, wirst du nie wieder in deinen Körper zurückgehen können. Ich kämpfte also mit all meiner Kraft gegen dieses Vieh, ohne es wirklich berühren zu können – denn die Gestalt war ja aus Nebel. Ich haute und trat nach dem Wesen, aber alle meine Versuche gingen ins Leere.

Gleichzeitig beobachtete ich Lou, wie er bemerkte, dass ich neben ihm zappelte und schrie. Er sah, dass ich im Schlaf gegen etwas kämpfte. Da versuchte er, mich zu wecken, schaffte es aber nicht, egal was er machte. Erst versuchte er es sanft. Nichts passierte. Dann schüttelte er mich und »haute« mir auf die Wangen – wie man das auch macht, wenn man jemanden aus einer Ohnmacht holen möchte. Aber mein Körper lag jetzt einfach nur noch da, als wäre er leblos. Dann hörte ich, wie Lou auf Arabisch betete. Und: Je länger er betete, umso schwächer wurde dieses Wesen, gegen das ich ankämpfte. Ganz langsam löste es sich in Luft auf. Am Ende des Gebets pustete Lou in mein Gesicht. Im Islam sagt man, man müsse beten und pusten, um jemanden aus einem bösen Traum zu wecken. In der Sekunde, als ich diesen Hauch von ihm auf mir spürte, holte ich selbst tief Luft und wurde in meinen Körper zurückgesogen.

Ich öffnete meine Augen und war unter Schock. Lou fragte mich direkt: »Was ist los? Was ist passiert? Ich habe dich nicht wach bekommen.« Er wollte mir aus der Situation heraushelfen, weil er merkte, wie heftig das für mich war. Als ich ihm von dem Traum – für mich war es kein Traum, ich war definitiv in einer anderen Dimension gewesen – alles bis ins Detail erzählte, konnte er nicht glauben, dass ich die ganze Zeit neben dem Bett gestanden und genau mitangesehen hatte, was er mit mir gemacht hatte. Dass er versucht hatte, mich wach zu schütteln, dass er betete und mich anpustete. Ich wusste alles. Obwohl ich eigentlich geschlafen hatte.

Das war mein erstes Mal in einer anderen Dimension, meine erste Erfahrung, wach und nicht wach im gleichen Moment zu sein. Diese Hilflosigkeit, sich selbst zu sehen und nichts tun zu können, ist unbeschreiblich grausam. Diesmal kam ich mit einem Schock davon, beim nächsten Mal nicht.

An einem anderen Abend lagen Lou und ich zusammen auf unserer braunen Kunstledercouch, die ums Eck ging, und ich war schon total müde. Obwohl Lou neben mir noch PlayStation spielte, wusste ich, gleich würde ich wegdösen. Ich kann am besten mit Geräuschkulisse einschlafen, weil ich es liebe, wenn Fernsehgeräusche und Leben um mich sind – das ist schon seit meiner Kindheit so. Lou hatte also den Controller in der Hand und zockte eines seiner Lieblingsspiele, *GTA* – ein Game, bei dem es um Autos, Geld und Kriminalität geht. Ich schlummerte weg. Beim Wachwerden merkte ich diesmal sofort, dass etwas nicht stimmte. Wieder kein normaler Traum, ich war erneut in einer anderen Dimension.

Ich wusste, in unserem Zimmer war etwas richtig, richtig Böses. Ich spürte es, ohne es zu sehen. Ich hatte Gänsehaut am ganzen Körper. Mit aller Kraft versuchte ich, mich zu bewegen, und wollte Lou auf mich aufmerksam machen. Aber ich war komplett gelähmt und bekam kein Wort heraus, obwohl ich innerlich so laut schrie. Kein Ton kam über meine Lippen.

© Lou

Lou guckte immer noch wie gebannt auf den Bildschirm und war konzentriert am Spielen. Da beugte sich das Böse auch schon fies nah über mich: ein Wesen mit langen weißen Haaren und einem schwarzen Umhang. Es war unglaublich dünn, hatte graue Haut und ganz lange Finger mit enorm langen Fingernägeln. Mein Körper lag bewegungslos da – wie schon in der Situation als Jugendliche mit meiner Mutter – und konnte sich nicht rühren. Innerlich bebte ich vor Angst. Äußerlich war ich leblos. Dann stach mir dieses Vieh mit einer schnellen Bewegung mit seinem langen Fingernagel mitten in den Bauch. Und drückte feste zu. Ich hatte solche Schmerzen. Mit meiner allerletzten Kraft konnte ich meinen Zeh bewegen und ganz leise »Silly« sagen, so leise – wäre in dem Moment in seinem Spiel etwas zu laut gewesen, hätte er mich gar nicht gehört. Ich sah, dass er sich umdrehte und bemerkte, dass mit mir – wieder – etwas nicht stimmte. Da beeilte er sich, zu mir zu kommen und mich schnell wach zu schütteln. Ich schlug die Augen auf und hatte so schlimme Schmerzen an der Stelle am Bauch, wo das Vieh mich gepikt hatte, dass ich wusste, das war definitiv auch nicht nur ein Traum. Ich hob mein T-Shirt hoch und sah ihn sofort, einen fetten blauen Fleck an der Stelle. Lou schloss mich fest in seine Arme und tröstete mich. In dieser Nacht klammerte ich mich fest an ihn, solche Angst hatte ich, dass dieses Wesen zurückkam und mir weitere Schmerzen zufügte.

Am gruseligsten war aber folgende schreckliche Begegnung:

An diesem Abend schauten wir uns vor dem Schlafengehen noch die Wiederholungen von *DSDS* im Fernsehen an – eigentlich gucken wir jeden Abend kurz vorm Einschlafen TV. Lou saß im Bett, mit dem Rücken an der Wand, und ich hatte meinen Kopf auf seinen Beinen, weil ich es liebe, wenn er mich beim Einschlafen krault. Lou streichelte zärtlich meine Haare, und ich döste weg. Wieder wachte ich auf. Im Fernsehen lief noch das Gleiche wie vorher. Diesmal dachte ich einfach, ich sei noch mal kurz aufgewacht. Ich lag immer noch mit meinem Kopf in Lous Schoß. Es war kein Traum. Aber irgendetwas war anders. Es war meine Wohnung, mein Bett, mein Fernseher, aber ich spürte trotzdem: Hier stimmt etwas nicht. Das Fernsehbild war das einzige flimmernde Licht im Raum. Mein Zimmer fühlte sich mit einem Mal nicht mehr gemütlich an, sondern kalt. Und düster. Da stellte ich fest: Die Art, wie ich gekrault wurde, war anders. Lou kraulte anders. Die Hand, die mich kraulte, war eiskalt. So kalt. Nicht mal ein Eiswürfel war mit dieser Kälte zu vergleichen. Diese Hand also streichelte mir auf eine ganz ekelhafte Art und Weise durchs Haar und über meinen Nacken. Ich fröstelte am ganzen Körper. Ich traute mich kaum, meinen Kopf zu drehen. Aber halt, das war doch mein Lou!

© Lou

Ich musste ihn fragen, warum er auf einmal so kalte Hände hatte. Also drehte ich langsam meinen Kopf nach oben, ich drehte mich zu ihm – und bekam den Schock meines Lebens. So ein widerliches Gesicht wie dieses habe ich noch nie in meinem ganzen Leben zuvor gesehen. Es war kreidebleich, darüber waren schwarze, etwas verwuschelte Haare, keine Augen, nur Augenhöhlen, und der Mund war nach unten zerlaufen.

In dem Moment war mir klar: Ich befand mich nicht in einem Traum, ich war erneut in einer abartigen Zwischenwelt, in einer bösen Dimension gefangen, aus der ich sofort wieder rausmusste.

Ich betete und dachte mir: »Bitte, lieber Gott! Lass Lou merken, dass mit mir irgendetwas in diesem Traum nicht stimmt, damit er mich weckt!« Das tat er dann auch. Ich schaute ihn mit großen Augen an und fragte: »Warum hast du mich geweckt?« Er antwortete: »Du hast angefangen zu zucken, und ich dachte, du hast einen Albtraum.« Dann nahm ich seine Hände in meine, sie waren warm wie immer. Ich umarmte ihn fest, weil ich so glücklich war, dass alles gut war. Ich legte mich wieder auf Lous Schoß, er kraulte mich beruhigend weiter, und ich dachte: »Komm, das war ein blöder Albtraum, schlaf einfach weiter.« Ich schlief tatsächlich wieder ein, und was passierte? Ich wurde in genau derselben Dimension wieder wach. Ich merkte, ich war wieder genau da. Oh nein, nein, nein! Bitte nicht! Ich wusste, dass ich Lou gerade von meinem Traum erzählt hatte, aus dem ich jetzt erneut rausmusste. Er musste es doch kapieren, oder?

Zuerst musste ich mich aber vergewissern, dass es wirklich so war, dass ich tatsächlich wieder bei dem Wesen mit den eiskalten Fingern gelandet war. Voller Angst vor dem, was mich erwarten würde, drehte ich meinen Kopf nach oben – da drückte eine eiskalte Hand meinen Kopf nach unten. Als wollte mir jemand sagen: »Bleib liegen! Ich will nicht, dass du weißt, dass du hier nicht hingehörst. Damit du bloß nicht wieder versuchst abzuhauen.« Mich ergriff Panik. Die eiskalte Hand streichelte grob durch mein Haar. Lou musste doch gleich einschreiten! Er konnte das nicht zulassen. Das war so widerlich. »Lisha! Lisha! Komm zurück!«, rief Lou. Gott sei Dank, mein Lou holte mich wieder in unsere Wohnung zurück. Er sagte sofort: »Du hast so komisch geatmet und so gezuckt, da musste ich dich einfach wieder wecken.« Dann schloss er mich fest in seine Arme. Lou konnte kaum glauben, dass ich wieder in dieser schrecklichen Zwischenwelt gelandet war – zweimal in einer Nacht! Ich schlief übrigens nicht wieder ein. Ich wollte, ich konnte auf keinen Fall zurück in diese ekelhafte Dimension mit diesem ekelhaften Vieh. Da blieb ich lieber wach.

Aufgehört hat das Ganze mit den fiesen Dimensionen, seitdem ich mein Kreuz am Hals trage, wenn ich schlafen gehe. Ich ließ es mir von unserem aramäischen Stammjuwelier in Kreuzberg anfertigen und gleich danach von einem Priester in der katholischen Kirche der St.-Bonifatius-Gemeinde in der Yorckstraße weihen. Seit ich es habe, trage ich es jede Nacht. Und wirklich: Zwei Nächte trug ich es nicht und hatte wieder Albträume.

Lisha: Die tote Zwillingsschwester

Wenn ihr mich aufmerksam auf Instagram und YouTube verfolgt habt, erzähle ich euch jetzt kein Geheimnis. Ich kaufe immer alles doppelt: ob die weiße Blumenvase fürs Wohnzimmer, die schöne Kaffeetasse – meine Ausrede: Lou braucht schließlich auch eine – oder das coole T-Shirt – das ist ja vielleicht irgendwann ausverkauft, dann hole ich mir das doch lieber gleich in zweifacher Ausführung. Selbst die Packung Haargummis kaufe ich mir im Zweierpack, als wenn da jemand wäre, dem ich das andere abgeben will. Jemand, den ich nicht sehen oder hören kann, der aber definitiv immer da ist. Wer das sein könnte, davon habe ich mittlerweile eine Ahnung – aber erst seit folgender Begegnung:

Als Lou und ich gerade ein halbes Jahr zusammen waren, erzählte ich ihm davon, dass ich schon als Kind bei einer Hexenbrett- oder, wie man es ja auch nennt, Ouija-Board-Sitzung dabei gewesen sei und was ich da alles erlebt hätte. Zwölf Jahre waren vergangen seit meiner ersten Séance. Ich musste unbedingt wieder zu Simone in ihren Esoterikladen! Es kostete mich einiges an Überredung, aber schließlich war Lou doch zu neugierig. Meine Mutter bot an, uns mit ihrem Auto hinzufahren. Wieder ungefähr eine Stunde Autofahrt raus aus Berlin. Wir waren aufgeregt. Ich erinnere mich noch ganz genau daran, dass es ein Abend im Herbst war. Die Sonne war bereits untergegangen, und die Straßen waren von einem dichten Nebelschleier bedeckt. Es sah fast so aus wie in dem Horrorfilm *The Fog*. Es war ganz schön still an dem Ort, so als wären wir komplett allein und jedes Leben wäre fort. Als wir aus dem Auto stiegen, nahm ich nur die schwarze Krähe auf der Kastanie gegenüber wahr, die laut krähte.

Dann wieder dieses Ringeling beim Betreten des Ladens, dieser Räucherstäbchenduft und die esoterischen Klänge. Ich hatte ein Déjà-vu. Meine Mutter und ich schauten uns an und erinnerten uns sofort zurück an das, was wir hier erlebt hatten, und freuten uns total auf das, was jetzt wohl passieren würde. Lou guckte sich nur neugierig und gespannt um. Da begrüßte uns Simone freundlich lächelnd, erklärte aber ziemlich schnell: »Tut mir leid! Hexenbrettsitzungen biete ich hier nicht mehr an.« Sie blickte in unsere enttäuschten Gesichter und fügte schnell hinzu: »Was ich jetzt aber mache, ist noch besser, weil man mehr Informationen bekommen kann. Ich kann euch anbieten, eine Rückführung mit euch zu machen. Das ist eine Form von Hypnotherapie, die in die Vergangenheit zurückführt und einen ungefilterten Zugang zu unserem Unterbewusstsein möglich macht. Habt ihr Lust?« Wir nickten. Es ging wieder die Treppe nach unten, einmal durch die Holzschwingtür und rein in den kleinen dunklen Raum. Die Decke war immer noch mit Seidentüchern behängt. Diesmal lagen auf dem schwarzen Teppich am Boden aber sechs Kreise in unterschiedlichen Farben: gelb, rot, lila, orange, blau und grün.

Meine Mutter und ich nahmen auf Stühlen in der Ecke Platz. Zu Lou sagte Simone: »Schließe deine Augen! Welche Farbe siehst du jetzt vor dir?« Er antwortete ziemlich schnell »Grün« und stellte sich auf den grünen Kreis. Dann sagte er mit geschlossenen Augen: »Ich fühle mich wie ein Vogel. Ich bin im Wald, und ich kann den Himmel nicht erreichen.« Ich stand daneben und dachte mir: »Wie spricht er denn jetzt auf einmal?« Das war ganz und gar nicht mein Lou. Auf einmal meinte er, sein Name sei »Ana« – da kamen mir die Tränen, und ich griff nach der Hand meiner Mutter. Ihr hingegen blieb die Luft weg. Sie musste aus dem Zimmer und verließ fluchtartig den Raum. Wir hörten nur noch, wie sie draußen leise schluchzte. Niemand wusste von mir, dass mein Zweitname »Ana« ist, weil ich ihn nie wirklich mochte.

Nun guckte mir Simone in die Augen und erklärte mir mit klarer Stimme: »Ich glaube, hier nimmt gerade dein Zwilling Kontakt zu dir auf.« Ich konnte es nicht glauben. Sie war der festen Überzeugung, er, oder besser gesagt sie, hänge in irgendeiner Art Zwischenwelt fest, weil sie komplett vergessen worden sei, und wolle sich mir hier und heute unbedingt mitteilen. Dafür nehme ihre Seele kurz Besitz von Lous Körper und spreche aus ihm zu mir. Lou sagte mir nun wieder mit komplett anderer Sprache, dass er meine Schwester sei, gern gelebt hätte und mich lieben würde. Ich weinte jetzt richtig. So gerührt war ich. Lous Augen waren woanders, aber definitiv nicht bei uns im Zimmer. Meine Mutter kam zurück und setzte sich einigermaßen gefasst wieder zu mir.

»Gibt es denn irgendeine Andeutung dafür, dass du einen Zwilling haben könntest?«, fragte Simone mich jetzt. Ich dachte fieberhaft nach. Zwilling? Ich? Da fragte sie weiter: »Kaufst du beispielsweise Sachen doppelt?« Ich konnte es nicht fassen, nickte stumm und dachte mir nur: »Verrückt. Woher weiß sie das? Das kann sie doch gar nicht wissen!«

Während Lou immer noch nicht ansprechbar war, ergriff meine Mutter das Wort. Nun war es ihr wichtig, uns dreien etwas zu erzählen, wobei sie aber vor allem mich anschaute:

»Schon in der Schwangerschaft mit dir, Lisha, war etwas eigenartig. Bei jedem geplanten Ultraschall gab es Probleme mit dem Gerät, ob nun in der neunten Woche, in der einundzwanzigsten oder in der dreißigsten. Nie konnte genau geguckt werden, wie du als Miniwurm eigentlich ausgesehen hast – natürlich waren dein Vater und ich da jedes Mal sehr enttäuscht. Bis zu deiner Geburt wussten wir nicht, ob du ein Junge oder ein Mädchen wirst. Als du dann am 23. Juni in Berlin-Charlottenburg zur Welt kamst, gab es schwere Komplikationen. Mir ging es überhaupt nicht gut. Mein Bauch war voll von Eiter und furchtbar angeschwollen. Ich hatte solche Schmerzen! Fast wäre ich bei deiner Geburt gestorben. Ich lag noch drei Wochen lang auf der Intensivstation, während du in dieser Zeit als Neugeborenes im Brutkasten warst. Stillen konnte ich dich deshalb leider auch nie. Die Ärzte hatten aber keine wirkliche Diagnose, was da nicht gestimmt hat.«

Simone, Lou, immer noch in Trance, und ich guckten meine Mutter erwartungsvoll an.

Das Interessanteste hob sie sich bis zum Schluss auf: »Die Ärzte vermuteten damals tatsächlich, dahinter könnte ein nicht richtig entwickelter Zwilling gesteckt haben.« Simone nickte nur wissend.

Auf dem Nachhauseweg im Auto herrschte geschocktes Schweigen. Das war zu viel für uns alle gewesen. Meine Mutter musste ihren Verlust emotional verarbeiten. Lou war immer noch nicht richtig wieder im Hier und Jetzt angekommen – so eine Rückführung beansprucht den Körper und den Geist doch sehr. Und ich selbst konnte nicht fassen, dass weder Lou noch Simone den Namen »Ana« kannten – und ihn mir an diesem Tag trotzdem mitteilen konnten. Dass ich wirklich eine Zwillingsschwester hätte haben können und dass sich so auch mein Drang erklären ließ, alles doppelt kaufen zu müssen.

Heute glaube ich, meine Mutter gab mir auch deshalb meinen Zweitnamen »Ana«. Sonst trägt in meiner Familie schließlich keiner einen zweiten Vornamen. »Ana« für die Zwillingsschwester, die nie zur Welt kommen durfte. Für die ich schon von klein an jedes Kuscheltier doppelt brauchte. Fast so, als hätte ich ihn immer schon gespürt, ihren Geist. Von da an mochte ich meinen Zweitnamen.

Die beiden Bilder in diesem Kapitel sind originale Zeichnungen aus Lishas Zeit im Kindergarten (1991). Als alle Kinder die Aufgabe bekamen, ihre Familien zu zeichnen, zeichnete Lisha immer wieder eine Person zu viel auf das Blatt. Auf die Frage, wer diese Person sei, gab Lisha nie eine Antwort und es bleibt bis heute ein Rätsel, ob es vielleicht doch Ana war …

Lisha: Die verfluchte Wohnung

Wir waren kaum zwanzig Minuten zur Besichtigung in der Wohnung, als der Tod an die Scheibe klopfte. Wobei »klopfte« noch zu harmlos klingt. Tatsächlich war es ein ohrenbetäubender Knall, wir zuckten zusammen und blickten uns erschrocken an. Was war das?! Zuerst sahen wir den öligen Schatten auf dem großen Schlafzimmerfenster. Dann ein paar vereinzelte Federn. Und als wir aus dem Fenster nach unten guckten, schließlich die schwarze Krähe, die mit gebrochenem Genick auf dem Pflaster unten im Hof lag. Eigentlich hätten wir da schon ahnen müssen, dass uns dieser Ort kein Glück bringen würde. Denn es war nicht nur so, dass uns das arme Tier leidtat. Sondern es war bereits das zweite Mal, dass sich ein Vogel auf diese Art ganz in unserer Nähe den Schädel zertrümmerte, ein echt schlechtes Omen! Normalerweise haben die ja einen ganz guten Orientierungssinn. Es sei denn, sie werden verwirrt – und dann haben meist böse Mächte die Finger im Spiel ...

Aber von Anfang an:

Lou und ich wohnten immer noch in meiner kleinen Einzimmerwohnung, wir waren gerade eineinhalb Jahre zusammen. Klar, dass das auf Dauer etwas eng wurde – da kann man sich noch so sehr mögen, irgendwann braucht man mehr Raum für sich! Also haben wir 2012 nach einer größeren Wohnung gesucht, am liebsten war uns da natürlich unser Heimatbezirk Kreuzberg. Tatsächlich fanden wir eine vielversprechend klingende Wohnung in der Nähe vom Anhalter Bahnhof. Netterweise haben wir für diese sogar vorab den Schlüssel vom Vermieter bekommen und durften sie uns allein angucken gehen. Noch bevor wir die Tür aufgeschlossen hatten, meinte Lou zu mir: »Silly, die kriegen wir niemals! Gewöhn dich da jetzt bloß nicht dran!« In Kreuzberg ist der Immobilienmarkt katastrophal. Als wir dann aber mittendrin standen in der Wohnung, fanden wir sie einfach so schön: ein Neubau, zweiter Stock, Dreizimmerwohnung, weißer Fußboden, ein riesiges Wohnzimmer, eine ebenfalls weiße – wir lieben das! – Küche, ein ausgedehnter Flur, zwei Badezimmer, alles war sauber, clean und einfach genau unser Ding! Bis die fette Krähe gegen die Scheibe klatschte. Von dem Schreck hatten wir uns aber schnell erholt, so cool fanden wir die Wohnung. Und tatsächlich hatten wir unfassbares Glück – zumindest dachten wir das noch zu dem Zeitpunkt: Am nächsten Tag kam der Anruf. Wir durften einziehen! Nur wenige Wochen später ging's los in unser neues Zuhause.

Von unserer ersten Nacht dort wissen wir noch ganz genau, dass wir uns unglaublich gefreut haben. Wir saßen in unserem neuen Wohnzimmer, das sonst noch ziemlich leer war, auf der gemütlichen Couch und sahen fern. Nachdem wir den Fernseher ausgemacht hatten, sagte Lou: »Komm, wir gehen jetzt ins Schlafzimmer!« Das haben wir aus unserer Einzimmerwohnung gar nicht gekannt, in ein anderes Zimmer zu gehen, um dort zu schlafen. Luxus! Wir beten ja immer noch zusammen, bevor wir schlafen – das haben wir an dem Abend natürlich auch gemacht, und zwar besonders glücklich und dankbar. Das Beten ist bei uns ein Ritual, ohne das es nicht geht. Wenn einer von uns einschläft, bevor wir gebetet haben, wird er noch mal aufgeweckt. Unsere erste Nacht dort schliefen wir wirklich gut, alles war ruhig und entspannt.

Gruselig wurde es in der wirklich schönen Wohnung erst nach ungefähr zwei Wochen, als die ersten Albträume kamen. Vor allem war es unheimlich, dass wir im selben Moment quasi denselben bösen Traum hatten. Zuerst war da ein Druck auf der Brust, auf dem Hals – das Gefühl, dass uns etwas den Atem raubt. Etwas schien auf uns zu hocken und uns zu würgen. Etwas abgrundtief Böses und Hasserfülltes. Schweißgebadet wachten wir mitten in der Nacht auf. Es war drei Uhr morgens. Im Schlafzimmer war es dunkel, bis auf den kleinen Schein der Straßenlaterne, der durch die Vorhänge fiel. Unser eigenes Herzklopfen erschien uns unfassbar laut. Sonst war es totenstill in der Wohnung. »Silly, hier ist jemand im Raum mit uns, oder?«, fragte mich Lou mit zittriger Stimme. Noch gruseliger: Im selben Moment wachte unsere französische Bulldogge Coco auf und starrte in die linke Ecke oben im Schlafzimmer. Als ob da etwas in unserem Schlafzimmer wäre. Etwas, das uns anstarrte und unglaublich böse war. Das haben wir beide so intensiv gefühlt! Wie wenn man in der U-Bahn sitzt, irgendwohin guckt und in dem Moment sieht, dass einen jemand auch anschaut. Das spürt man einfach instinktiv! So ein bedrückendes, beklemmendes, ein unangenehmes, ekelhaftes Gefühl. Leider blieb es nicht bei dieser einen schlimmen Nacht.

Die Albtraum-Story ging weiter:

Keine zwei Wochen später stand unsere Bulldogge nachts vorm großen Spiegel am Kleiderschrank, starrte wie hypnotisiert hinein – und ließ sich überhaupt nicht mehr von uns ablenken. Wir riefen sie beim Namen: »Coco, komm her! Coco!« Wir klatschten, pfiffen, keine Reaktion mehr! Und das, obwohl sie sonst immer sofort auf ihren Namen hört. Das haben wir vorher noch nie bei ihr erlebt. Die hat in dem Moment nur in den Spiegel gestarrt, nichts mehr sonst um sich herum wahrgenommen – irgendetwas muss sie in dem Moment dort gesehen haben. Als wäre das dunkle Etwas aus unseren Träumen durch unser Schlafzimmer gehuscht, und Coco konnte es im Spiegel sehen. Wir untersuchten den Spiegel von oben bis unten, schauten in den Kleiderschrank dahinter. Nichts.

Als wir in der darauffolgenden Nacht mal wieder schweißgebadet von unseren Träumen aufwachten, lief Lou noch ganz schlaftrunken in eines unserer beiden schicken Badezimmer. Dann rief er ganz aufgeregt: »Boo, komm mal schnell her! Du glaubst es nicht!« Wir standen da mit nackten Füßen nebeneinander auf dem kalten Fliesenboden, noch schwitzend von den schlimmen Träumen, und bekamen unsere Münder nicht mehr zu: Die Tür zum Schacht war offen! Dazu müsst ihr wissen: In dem größeren unserer beiden Badezimmer gab es oben rechts über dem Waschbecken in der Wand einen Schacht. Der war ungefähr einen halben Quadratmeter groß, ich hätte da locker durchgepasst, und er hatte eine beigefarbene Klapptür mit einem kleinen Haken zum Drehen, um von innen die Tür auf- und zuzumachen. Wie konnte das denn sein? Den hatten wir nie auch nur angefasst! Wir wagten es kaum hineinzuschauen. Als wir dann doch guckten, war da nur tiefste Dunkelheit, und ein kühler Luftzug streifte unsere Gesichter. Mit komischem Gefühl im Bauch schlossen wir die Klappe schnell wieder, drehten den Haken zu und kuschelten uns wieder ins Bett.

Nachdem das allerdings einmal passiert war, passierte es in einer Dauerschleife: Albträume, schockartiges Erwachen, offener Schacht im Bad. Das ging so weit, dass ich abends meine Augen schon gar nicht mehr zumachen wollte, weil ich dachte, dieses dunkle Etwas steht plötzlich vor mir, wenn ich sie wieder aufmache. Irgendwann hatten wir von den Horrornächten so die Schnauze voll, dass wir den Schacht mit dem heftigsten doppelseitigen Klebeband, so einem fetten Teppichkleber, zuklebten – das sah schlimm aus, aber das war uns in dem Moment egal. Dann war eine Woche Ruhe, in der wir tatsächlich auch keine Albträume hatten. Bis die nächste schlimme Nacht kam, in der sich die Geschichte wiederholte. Wir trauten uns kaum ins Badezimmer – und konnten es nicht fassen: Das ganze Klebeband war abgerissen. Der Schacht stand offen! Von dem Moment an dachten wir: »Alter, was geht hier bitte gerade ab?« So krank es sich anhört, wir waren uns sicher: Dieses Etwas, das uns beobachtete, während wir schliefen, und das uns in unseren Träumen verfolgte, es musste von dort in die Wohnung kommen. Denn es passierte ja regelmäßig.

Dann fing es an, dass Lou nachts eine kratzige Frauenstimme hörte. Diese flüsterte ihm leise seinen Namen ins Ohr: »Louu! Lou! Wach auf!« Mit Gänsehaut am ganzen Körper schreckte er auf. Schnell die Nachttischlampe an, Atem beruhigen. Es ist nur der Wind, der die Vorhänge leicht hin und her bewegt. »Silly?

Bist du wach?«, fragte Lou mich dann, um zu gucken, ob es nicht vielleicht doch ich war. »Mensch, ich schlafe, was willst du von mir?«, antwortete ich ihm noch halb im Schlaf. Schon im selben Moment, als er mich weckte, wusste Lou instinktiv, dass ich es nicht gewesen war, die da zu ihm gesprochen hatte – weil es die Stimme seiner Tante gewesen war. Die beiden hatten immer ein sehr inniges Verhältnis. Als sie kleiner waren, waren sie wie Geschwister füreinander – bis zu dem Moment, als wir beide zusammengekommen sind. Das Gefühl, dass sie eifersüchtig war auf die Beziehung, konnten wir nie so ganz abschütteln. Sie wünschte uns definitiv nichts Gutes – und hat uns das Unglück hoffentlich nicht ausgerechnet an einem der schönsten Tage unseres Lebens in die Wohnung gebracht ...

Es geht um den Tag unserer muslimischen Hochzeit, zu der wir uns auch aus Respekt Lous Eltern gegenüber entschlossen hatten, obwohl ich eigentlich Christin bin. Im Islam ist die Hochzeit vor Gott das Allerwichtigste. Weil es üblich ist, dass man diese Trauung im engsten Kreis daheim macht, haben wir alle Familienmitglieder zu uns in die Wohnung eingeladen: Eltern,

Großeltern, Geschwister, Onkel und auch die Tanten waren da. Zu dem Zeitpunkt hatten wir schon drei Monate in der Wohnung gelebt. Die Albträume ließen uns kaum schlafen. Konnte vielleicht unsere Hochzeit dort mitten im Wohnzimmer all das Böse vertreiben?

Im Islam wird es nicht gern gesehen, wenn man sagen muss: »Meine Kinder wohnen zusammen, sind ein Paar, aber nicht verheiratet.« Wie es auch Lous Mutter passiert ist. Die wurde von einer Freundin gefragt: »Mit wem ist denn dein Lou zusammen? Wie könnt ihr die zusammenwohnen lassen? Die sind doch nicht verheiratet!« Wir wollten einfach, dass so etwas in Zukunft vermieden wird. So ließen wir uns mitten in unserem schicken weißen Wohnzimmer vom muslimischen Pfarrer, dem *Hoca,* trauen. Mein Papa war Trauzeuge. Es wurde nach muslimischem Brauch gebetet, und als Ehepaar musst du dem *Hoca* einfach alles nachsprechen. Wir gaben uns unser Eheversprechen auf Arabisch. Von da an waren wir ein anständiges Paar, durften offiziell zusammenwohnen und in einem Bett schlafen. Für den Moment waren nur wir beide und unsere Liebe wichtig. Kurz hatten wir auch die Hoffnung, dass wir damit all die bösen Geister ein für alle Mal aus der Wohnung vertrieben hatten.

Bis uns die nächste krasse Botschaft aus dem Jenseits erreichte: Eines Samstagnachmittags haben wir in unserem Bett die Matratzen umgedreht – weil wir da schon Kuhlen drin hatten und uns jemand geraten hat: Einmal umdrehen, und zack, ist das Ding wieder wie neu! Gesagt, getan. Gut, dass die Dinger nicht so schwer waren! Da fragte Lou: »Guck mal, was ist denn da unter deiner Matratze?« Da sahen wir einen Fleck, der aussah wie Blut, aber in Form eines Schlüssellochs. Was war das denn? Gruselig! Das Bett war bei unserem Einzug neu gewesen, die Matratzen auch. Wie sollte ausgerechnet an diese Stelle Blut gekommen sein? Ich habe dann überlegt: Hattest du irgendwann deine Tage? Aber wenn mir so ein Periodenmalheur passiert wäre, dann hätte das doch auf der anderen Seite sein müssen. Ich habe echt versucht, dafür eine Erklärung zu finden. Aber warum sollte das dann ausgerechnet wie ein Schlüsselloch aussehen? Zu viele ungeklärte Fragen für uns, der Sache wollten wir auf den Grund gehen. Deshalb schnitten wir »das Schlüsselloch« aus der Matratze heraus, fuhren in die Moschee und zeigten es dort dem *Hoca*. Es war wieder derselbe türkische Priester, dem wir uns schon zu Beginn unserer Beziehung bedingungslos anvertraut hatten, der uns damals mit seinem Gebet geholfen und der uns auch in unserem Wohnzimmer getraut hatte. Er empfing uns in der *Cami* wie alte Freunde. »In unserer Wohnung passieren so krass komische Dinge«, sagten wir zu ihm. Auch die Geschichte mit dem Schacht erzählten wir ihm ausführlich – und erhofften uns von ihm eine Antwort, eine logische Erklärung für all diese Dinge. Logisch erklären konnte er das aber natürlich auch nicht. Er war vielmehr der Ansicht, dass wir verflucht worden sein mussten. Ein Fluch? Wie konnte das sein?

Es kam der Punkt, da hatte ich abends so viel Angst davor, schlafen zu gehen, dass ich anfing, mich tagsüber hinzulegen. Weil ich mich im Hellen einfach sicher fühlte. Da machte mir dieses Wesen aus dem Schacht nicht so viel aus, und ich konnte zumindest halbwegs normal schlafen. Im Grunde war schon vorprogrammiert, dass das nicht lange gut gehen konnte: Irgendwann drehen deine Psyche und dein Körper einfach durch, wenn du nachts wach bist und tagsüber schläfst; vor allem wenn du am Tag berufliche Termine hast und dann ganz ohne Schlaf auskommen musst. Ich wusste: Das kann so nicht mehr weitergehen. Dann holte ich mir in der Apotheke Schlaftabletten. Das waren Tabletten pflanzlichen Ursprungs, ich wollte es zunächst so probieren. Die halfen leider aber absolut gar nicht. Zwei Wochen später sagte ich zu Lou: »Ich muss zum Arzt, ich muss etwas Stärkeres bekommen. Ich halte es nicht mehr aus!«

Ich fuhr also zu unserem Hausarzt in Kreuzberg, schilderte ihm, dass ich nicht mehr schlafen könne, dass meine Psyche darunter leide und dass ich keine Energie und keine Kraft mehr hätte. Daraufhin verschrieb er mir Schlaftabletten, nicht ohne mich zu warnen, ich solle aufpassen, da diese sehr stark seien und erst rund vierzig Minuten nach der ersten Einnahme ihre Wirkung zeigen würden. Ich solle sie auch auf keinen Fall dauerhaft nehmen, da sie abhängig machen könnten. Ich nahm das ernst, fuhr mit den Tabletten in der Handtasche nach Hause und war einfach unglaublich glücklich, weil ich mir dachte: Endlich wieder schlafen!

Am selben Abend: Lou und ich saßen auf dem Sofa. Er spielte noch PlayStation, ich kuschelte mich in unsere gemütliche Wolldecke ein, nahm die Tablettenpackung in die Hand und freute mich wirklich so sehr darauf, endlich müde zu werden und sicher und geborgen neben Lou in unserem Wohnzimmer einzuschlafen. Nach einer halben Stunde merkte ich, dass ich gar nicht müde wurde. Das machte mich aggressiv. Ich wollte schlafen, egal um welchen Preis. Jetzt! Ich war trotz der Ansage des Arztes der Meinung: Nach zwanzig Minuten muss ich doch endlich mal müde sein. Da es aber nicht funktionierte, nahm ich Bekloppte nicht nur eine Tablette zusätzlich, nein, ich schluckte gleich drei weitere auf einmal. Heute, wenn ich mich zurückerinnere, denke ich: »Wie bescheuert kannst du eigentlich sein, Lisha?« Aber in dem Moment war mir alles so scheißegal, ich wollte einfach nur meine Ruhe.

Nachdem ich die Tabletten geschluckt hatte, merkte ich ein paar Minuten später schon, dass sich in unserer Wohnung alles veränderte: Statt Nacht war es auf einmal Tag. Ich stand auf, guckte mich um, alles war noch da. Dieselben weißen Möbel, dieselben Gardinen, dieselbe Schrankwand, derselbe lange Flur, dasselbe schicke Badezimmer, sogar der Schacht war da. Aber ich sah in unserer Wohnung eine komplett andere Familie – und zwar so was von deutlich, das war unglaublich. Auf unserer Couch lag eine Mutter mit einem Kind im Arm und sah fern. Sie nahm mich freundlich wahr, guckte mir sogar direkt in die Augen, akzeptierte meine Anwesenheit und tat so, als wäre nichts. Das war so verwirrend. Ich war nicht in einem Traum, Lou bekam mein Verhalten mit. Er stand neben mir. Später sagte er zu mir: »Du hast die ganze Zeit gesagt: ›Da sind Menschen. Hier ist jemand in unserer Wohnung. Oh, Gott, siehst du das nicht?‹« Er versuchte, mich zu beruhigen, und antwortete mir: »Silly, da ist keiner! Was laberst du? Was ist los mit dir? Warum bist du so drauf?«

Egal in welches unserer Zimmer ich ging, überall waren andere Menschen: Im Schlafzimmer lag ein Vater mit drei Kindern in unserem Bett, ruhig und friedlich schlafend. Ich lief zur Toilette, mir war übel, und ich dachte, ich müsse mich übergeben. Dort schaute ein kleines Mädchen mit dunklen Locken um die Ecke und lachte. Als ich ihr hinterherlief, um zu gucken, wo sie hinging, rannte sie unseren langen Flur entlang in die Küche hinein und lachte weiter, als würde sie mit mir Verstecken spielen wollen. Ich ging ihr hinterher, suchte sie, sah sie immer nur wegrennen und hörte sie lachen. Ich erzählte das Lou und sagte zu ihm: »Hilf mir, das kleine Mädchen zu finden! Wo ist sie hin?« Lou dachte, ich sei völlig durch. Er sagte, so habe er mich noch nie erlebt, und dachte schon, ich hätte Drogen hinter seinem Rücken genommen. Ich aber sah diese Familie doch so deutlich bei uns in der Wohnung!

Irgendwann musste ich mich übergeben. Lou hielt meine Haare. Ich konnte nicht mehr aufhören, alles musste aus mir raus. Langsam kam ich wieder zu mir. Lou stand vor mir und zeigte mir die Videos von mir, die er gemacht hatte, um mir zu zeigen, wie ich gerade drauf gewesen war. Ich dachte, ich sehe nicht richtig! Ich war nur geschockt, konnte mich aber an alles erinnern: an die Frau im Wohnzimmer, an den Vater im Schlafzimmer, an das kleine Mädchen, das mit mir Verstecken spielte und lachte. Lou meinte, mir seien immer wieder die Augen zugefallen, und mein Puls sei sehr schwach gewesen.

Ich vermute heute, dass ich eine Überdosis Tabletten und aufgrund dieser eine Nahtoderfahrung hatte. Man sagt ja, dass man, kurz bevor die Organe versagen, in die Welt kommt, in der man Seelen sehen kann. In meinem Fall waren es nur Fremde, die ich sehen konnte, und keine geliebten Menschen. Ich kann mir aber trotzdem vorstellen, dass ich in so einer Dimension war. Ich fragte den Arzt am nächsten Tag, ob man bei einer Überdosis halluziniert, und er antwortete mir: »Definitiv nicht!« Das war eine richtig krasse Erfahrung.

Doch es war immer noch nicht das Schlimmste. Es gab eine weitere Nacht, in der jemand gewaltig mit uns und unseren Nerven spielte. Wir hatten dort in der Wohnung ja diesen langen, schönen Flur. Der war so zehn bis zwölf Meter lang und ging vom Wohnzimmer direkt in die Küche. Für unsere Coco haben wir immer den KONG-Ball – so ein megaschweres Teil aus hartem Gummi – in die Küche geworfen, damit sie den Flur entlang so cool rennen und spielen konnte. Besagter Abend fing ganz harmlos an. Ich hatte lecker gekocht, danach saßen wir gechillt auf unserem Sofa. Im Wohnzimmer war es dunkel, auf unserem Couchtisch flackerte nur eine Kerze. Wir guckten uns den Horrorfilm *The Conjuring* auf DVD an. Die Wohnzimmertür stand offen, wir mögen geschlossene Türen nicht. Doch plötzlich sprang der schwere KONG-Ball durch den Flur von der Küche zu uns ins Wohnzimmer. Bämm! Und zwar in einer Geschwindigkeit, dass ich erst noch dachte: »Krass, wie hat Coco das denn gemacht?« Schließlich flog der Ball mit voller Wucht ins Zimmer. Dann schaute ich nach unten und sah: Coco lag selig schlafend auf ihrer Decke. In dem Moment war es für mich vorbei! Ich schrie, sprang auf, stellte mich auf die Couch und drängte mich panisch in die Ecke. Mein Herz schlug wie blöd, und ich dachte nur: Was passiert hier? Lou mit seiner verpeilten Art checkte zunächst gar nichts und guckte erst mal, ob der Hund da war, ob der es gewesen sein könnte.

Aber Coco schlief. Als Lou bemerkte, egal was er sich zusammenreimt, nichts davon kann logisch erklären, was da gerade passiert ist, wurde auch ihm richtig schlecht. Wir machten den Fernseher aus, jetzt war kein Mucks mehr zu hören. Es herrschte Totenstille im Raum. Nur die Kerze flackerte vor uns. Die Nacht da draußen vor dem Fenster kam uns mit einem Mal bedrohlich dunkel vor. Mit schwitzigen Händen gingen wir vorsichtig von Zimmer zu Zimmer und machten alle Lichter an. Wir schauten in Schränke, hinter Türen, unter das Bett. Es war keiner da. Wir hatten unglaubliche Angst, und spätestens jetzt war uns klar: Wir müssen hier weg! So schnell wie möglich!

Insgesamt haben wir sieben Monate in dieser Wohnung gewohnt – eigentlich viel zu lang. Denn rückblickend haben wir uns in der Zeit viel zu oft gestritten. Wir waren so negativ geladen, hatten nur schlechte Laune – es war fast unerträglich. Da hat nicht viel gefehlt, und wir hätten uns getrennt. Da gab es auf der einen Seite die ganzen Albträume, all das Böse, da war aber auch unfassbar viel Streit zwischen uns. Wir sind morgens schon mit einem Gefühl der Aggression im Bauch aufgestanden, von der ich mir nicht erklären konnte, woher sie eigentlich kam. So waren wir eigentlich beide nicht, vor allem nicht zueinander: ständig geladen und bereit, wegen jeder Kleinigkeit zu explodieren! Ich kannte das von Lou gar nicht. Er ist eigentlich der liebste Mensch der Welt. Einmal machte mich eine simple dumme Unterhaltung so wütend, dass Lou sogar genäht werden musste! Da ging es um einen alten Kumpel von Lou. Die beiden wollten sich treffen, und ich meinte: »Wie kannst du dich mit so jemandem treffen? Der hat sich so viele Jahre gar nicht bei dir gemeldet.« Daraufhin ist die Situation völlig aus dem Ruder gelaufen. Lou schubste mich, ich warf einen Teller nach ihm. Unser Streit ist völlig eskaliert. Dann knallte ich die Tür zu, aber Lous Fuß war noch dazwischen – autsch! Die Türkante ist so tief in seinen Fuß rein, dass wir ins Krankenhaus fahren mussten, um ihn nähen zu lassen. Davon hat er heute noch eine riesige Narbe. Bei all unseren Streitsituationen hätte wirklich nur noch gefehlt, dass wir uns gegenseitig abstechen. Ich hatte oft so eine Wut auf Lou in mir, dass ich fast ein Messer genommen hätte! Das hört sich krank an, aber das war eine Aggression, die mit nichts auf der Welt zu beschreiben ist – und wir wussten beide nicht, wo sie herkam …

Lisha: Unsere erste gemeinsame Ouija-Board-Erfahrung

In der verfluchten Wohnung hat aber auch etwas angefangen, das uns heute noch, wenn wir nur daran denken, die Kehle eng werden lässt. So heftig, dass wir es ausführlich erzählen müssen.

Als ich eines Abends neben Lou in unserer besagten Horrorbude im Bett lag, schoss mir mit einem Mal der Gedanke durch den Kopf: Wir sollten versuchen, mit den Geistern zu sprechen! Je länger ich darüber nachdachte, umso überzeugter war ich davon, dass so eine Séance, wie ich sie früher als Kind gemacht hatte, gut für Lou und mich sein könnte. »Vielleicht spricht das böse Wesen aus dem Schacht dabei mit uns und sagt uns, was es von uns will«, sagte ich zu ihm. »Dann haben wir ein für alle Mal Ruhe.« Lou guckte mich mit hochgezogener Augenbraue an und meinte: »Was? Die Toten sollen da mit euch gesprochen haben?« Statt meine Euphorie auch nur im Ansatz nachvollziehen zu können, war er sich sicher: »Silly, die Leute schieben das doch einfach selbst hin und her!« Auch wenn ihn Simones Rückführung damals sprachlos gemacht hatte, so ging er beim Gläserrücken gar nicht mit. Er grinste nur selbstgefällig. »Pah, du wirst schon noch sehen!«, meinte ich. Wo sollte ich nur jemanden finden, der mit uns eine Hexenbrettsitzung machte? Dann dachte ich mir: »Du hast Tote gesehen, du fühlst es, wenn jemand im Zimmer ist, du siehst Schatten, hast Albträume, die dir eine Message schicken, du bist spirituell und sehr empfänglich für solche Dinge. Warum sollst du nicht versuchen, selbst mit Geistern Kontakt aufzunehmen?« Ich musste nur noch Lou davon überzeugen mitzumachen. »Was haben wir zu verlieren? Lass es uns doch einfach versuchen!«, drängelte ich noch lange. Es war schon spät in der Nacht. Ich hatte es mir aber schon in den Kopf gesetzt und konnte es nicht mehr lassen.

Die folgenden Tage suchte ich nach einem passenden Ouija-Board und bestellte schließlich eines – wir konnten es in einem Laden in der Oranienstraße in Kreuzberg abholen, allerdings erst in zwei Wochen. Jetzt wollte ich wirklich keine zwei Wochen mehr warten.

Lou erklärte mir morgens im Bett kurz nach dem Aufwachen mit seiner Großschnauze: »Na, wenn das funktioniert und du das kannst, dann geht das doch sicher auch ohne das Brett!« Das ließ ich mir nicht zweimal sagen. Noch am selben Abend, es war ein Freitag, machten wir es uns daheim auf dem Sofa mit dem Laptop gemütlich. Wir googelten lange im Internet und lasen nach, wie man so ein Brett selbst »bastelt«. Dann guckten wir uns viele Tutorials auf YouTube zum Thema »Gläserrücken« und »Séancen« an. Da gab es wirklich ganz schön viel Quatsch, was man alles beachten sollte, wie etwa:

© Lou

- Das Licht muss aus sein.
- Das Glas muss leicht sein.

- Deine Füße dürfen unter dem Tisch nicht überkreuzt sein.
- Du musst vorher ein Gebet sprechen.
- Du musst einen Schutzkreis aus Salz um dich herum streuen.

»Wollen die uns veräppeln?!«, meinte ich halb lachend zu Lou und sagte: »Komm, das lassen wir weg! Das ist doch absoluter Blödsinn. Das brauchen wir nicht.« Aber er antwortete: »Nein, wenn schon, Silly, dann machen wir es richtig!« Auch wenn Lou wirklich skeptisch war, dass das überhaupt klappt, hatte er großen Respekt vor der Sache. Das Hexenbrett ist im Islam schließlich verboten.

An dem Abend war uns beiden definitiv die Tragweite unseres Entschlusses nicht klar: Es kommen nicht nur gute Geister zu einem, wenn man sie ruft, und gerade die bösen wollen manchmal gar nicht mehr gehen. Das kann man sich nicht oft genug vor Augen halten. Das müsst ihr unbedingt im Kopf behalten, wenn ihr das selbst machen wollt!

Am nächsten Abend, es war ein Samstag, zeichneten wir auf unseren weißen Esstisch im Wohnzimmer ein Ouija-Brett mit allen Buchstaben von A bis Z und den

Zahlen null bis zehn, oben links »Ja«, oben rechts »Nein« – und die Verabschiedung »Goodbye«. Das machten wir mit einem Bleistift, damit wir es hinterher wieder wegradieren konnten. Damit keiner sehen kann, wie bekloppt wir sind!

Dann streuten wir einen Salzkreis um den Tisch und machten alle Lichter in der Wohnung aus. Nur zwei weiße Kerzen flackerten noch neben dem Brett und warfen kleine Schatten an die Wand. In einer Schale kokelte ein Bund Salbeiblätter, der Rauch sollte angeblich böse Geister fernhalten. Wir setzten uns an den Tisch und gaben uns zum Start die Hände für das Gebet. Sie waren eiskalt, feucht und zitterten leicht – bei uns beiden. Ich erinnere mich noch daran, wie aufgeregt ich war! Ich hatte wirklich große Angst vor dem, was passieren würde. Das dunkle Wohnzimmer, die flackernden Kerzen, der komische, verbrannt-kräuterliche Duft, das alles war extrem gruselig. Adrenalin rauschte durch meine Adern. Mir gingen so viele Gedanken durch den Kopf: »Was ist, wenn es nicht klappt und dein Freund dich für dumm verkauft? Was, wenn es klappt und wir gleich wirklich mit Geistern kommunizieren? Und was ist, wenn ich die Geister nicht mehr loswerde, weil ich einfach zu wenig Ahnung von der Sache habe?« Davor hatte ich wirklich Angst. Ich hatte nämlich noch im Kopf, dass die Hexe Simone uns davor gewarnt hatte, mit dem Brett zu scherzen. Dass es passieren könne, dass die Geister bei einem in der Wohnung bleiben, wenn man nicht weiß, wie man sie wieder wegschickt …

Lou und ich legten drei Finger, Zeige-, Mittel- und Ringfinger, sachte auf das umgedrehte, besonders leichte Rotweinglas, das ich am Morgen extra noch gekauft hatte. Lou war mittlerweile ganz blass im Gesicht, weil er nicht wusste, was ihn erwartete. Ich flüsterte dann mit leiser Stimme: »Ist irgendjemand da, der mit uns reden möchte?« So wie die Hexe das damals gemacht hat. Die Dunkelheit um uns herum war gespenstisch. Unsere Finger vibrierten am Glas. »Wir würden uns freuen, wenn du Kontakt zu uns aufnimmst! Wir wollen dir nichts Böses!« Jeder Satz, den ich da so in die Finsternis sprach, fiel mir schwer. »Wir hätten gern ein paar Antworten! Wir wollen wissen, ob das wirklich funktioniert! Du kannst Energie von uns nehmen, wenn du sie brauchst, um das Glas zu bewegen!« Ich hoffte nur: »Bitte, bitte, komm!« Dann warteten wir. Stille. Auch gedanklich habe ich versucht, die Geister zu rufen. Es passierte eine Stunde lang gar nichts. Die Stille wurde drückend. Ich musste ganz dringend auf Toilette, aber weil im Internet stand, dass man diesen Schutzkreis aus Salz während der Séance auf keinen Fall verlassen darf, verkniff ich mir das. Lous Grinsen wurde immer breiter. Schließlich meinte er fast erleichtert: »Ich sag doch, da passiert nix!«

Nach zwei Stunden, einer gefühlten Ewigkeit, hatte Lou keinen Bock mehr. Ich wollte mittlerweile auch nicht mehr, spürte meine heftige Enttäuschung schon bis in die Zehenspitzen – und in der Sekunde, wir wollten gerade aufhören, kribbelte es plötzlich an den Fingerspitzen. Bei uns beiden gleichzeitig! Wie ein kleiner Stromschlag an der Fingerkuppe! Vor Schreck zogen wir sofort unsere Hände vom Glas. Wir guckten uns an. »Oh, mein Gott, hast du das gemerkt?«, fragte ich. Er antwortete mir mit weit aufgerissenen Augen: »Ja, ich hab das auch gespürt! Wie ein Stromschlag!« Ich forderte ihn auf: »Leg deine Finger wieder drauf!« Meine Finger lagen schon wieder auf dem Glas. Dann fing es an, sich ganz, ganz langsam wie von Zauberhand zu bewegen. Hin zum Buchstaben »F«. Dann weiter zu »I«. Es funktionierte tatsächlich! Oder war es doch unser eigener Herzschlag, der da so wummerte und das Glas bewegte? Ich war voller Euphorie, Glücksgefühle durchströmten mich. Lou guckte mich jetzt an, als wollte er sagen: »Ja, Bullshit, das macht sie gerade selbst. Sie schiebt dieses Glas.« Ich dachte auch kurz: »Vielleicht ist es er selbst, der gerade schiebt.« Weil ich es wirklich nicht fassen konnte, dass ich es geschafft hatte, wieder mit den Geistern Kontakt aufzunehmen – nach all den Jahren. Aber als ich in Lous Gesicht schaute, war mir klar: Er ist das nicht. Lou war selbst so geschockt. Er guckte aufs Glas, guckte mich an und war so baff. Ich fing gleich noch mal an mit meinen Fragen: »Wer bist du? Wie heißt du? Woher kommst du? Wann bist du gestorben? Wie bist du gestorben?« Das Glas bewegte sich wie wild von links nach rechts. Die Buchstabenkombinationen ergaben überhaupt keinen Sinn: »Fiaohtaihigaut«. »Jaoihtahlghla«. »Ahlhihioh«. Was sollte das denn jetzt bitte? Lou guckte mich fragend an.

Ich zuckte mit den Schultern, keine Ahnung. So war das nicht geplant gewesen! Leider ergab es überhaupt keinen Sinn, was uns das Glas an diesem ersten Abend schrieb. Fünf Stunden haben wir insgesamt an diesem Abend am Tisch gesessen – und keine einzige vernünftige Antwort bekommen. Leider. Trotzdem waren wir voller Euphorie darüber, dass da etwas passiert war auf unserem Esszimmertisch. Etwas Unerklärliches,

Magisches, das wir ganz allein geschafft hatten. Aber gleichzeitig waren wir auch enttäuscht. Nach fünf Stunden Sitzen, Arm-oben-Halten und Konzentrieren taten uns die Knochen weh. Du denkst, fünf Minuten sind um, dann schaust du auf die Uhr, und es sind fünf Stunden! Bei so einer Séance kriegst du gar nichts mit, du bist so gefangen in der Sitzung, dass du nichts mehr wahrnimmst. Nicht dein Telefon, nicht wenn es an der Haustür klingelt, ob du Hunger oder Durst hast, dir ist alles egal, weil du so fasziniert bist, was da gerade passiert. Erstaunlicherweise wurden wir währenddessen auch gar nicht müde, obwohl es schon zwei Uhr nachts war, als wir zum ersten Mal wieder auf die Uhr guckten. Die Müdigkeit kam hinterher. Als wir dann völlig k.o. nebeneinander in unserem Bett lagen, spürte ich, dass Lou mit seiner Skepsis kämpfte. Er war ganz schön unentschlossen, was er von der Aktion jetzt halten sollte. »Ich spürte aber definitiv was, Boo«, sagte er mir noch mit schläfriger Stimme, bevor er auch schon eingeschlafen war. Da wusste ich, er hatte Feuer gefangen, wir würden das wieder machen. Mir spukte kurz vorm Einschlafen nur noch eine Frage durch den Kopf: Was machen wir falsch, dass wir nicht verstehen, was die Geister uns sagen wollen?

Rückblickend weiß ich, dass es daran lag, dass ich an diesem Abend mit dem Kopf nicht zu hundert Prozent bei der Sache war. Ich hatte selbst zu viel Angst und Unsicherheit in mir, ob die Kontaktaufnahme mit den Geistern überhaupt funktionieren würde. Zudem plagte mich der Gedanke: Was machen wir, wenn es fiese Dämonen sind, die, wenn wir mit der Sitzung fertig sind, nicht mehr auf »Goodbye« gehen? Erst als ich meinen Kopf ausgeschaltet und völlig darauf vertraut hatte, dass es klappt, funktionierte es. Das war dann schon in unserer neuen Wohnung. Ich schätze, in dieser verfluchten Umgebung wollten die guten Geister einfach keinen Kontakt zu uns aufnehmen.

Denn bereits zwei Wochen später zogen wir um – in eine kleine Eineinhalbzimmerwohnung in der Wassertorstraße in Kreuzberg. Die Wohnung lag im ersten Stock, war nur dreißig Quadratmeter groß, hatte aber einen schönen Balkon in den Hinterhof mit Blick auf eine riesige Kastanie und einen kleinen Spielplatz. Auch wenn wir uns wohnungstechnisch wieder verkleinerten, waren wir einfach nur glücklich, endlich raus zu sein aus dieser zwar schönen, aber verdammten Wohnung, und schlugen beim nächstbesten Immobilienangebot einfach zu. Hier sollte es uns besser gehen. Dann kam der Anruf aus dem Laden in der Oranienstraße. Die Verkäuferin teilte uns mit, dass unser bestelltes Ouija-Brett angekommen sei und wir es nun abholen könnten. Wie zwei kleine Kinder freuten wir uns, am liebsten hätten wir gleich im Auto losgelegt. Auf dem Nachhauseweg besorgten wir für unsere erste »echte« Sitzung noch Räucherstäbchen und Salbei. Als wir das Päckchen daheim auspackten, waren wir überrascht: Unser neues schweres Holzboard war viel größer als gedacht und einfach nur wunderschön verarbeitet mit seiner goldenen Schrift auf schwarzem Hintergrund und schwarzen Plakette obendrauf. Als ich es so in meinen Händen hielt, war ich mir sicher: Jetzt klappt es ganz bestimmt. Die Toten werden Kontakt zu uns aufnehmen und uns diesmal wirklich etwas Sinnvolles mitteilen. Wieder befiel mich diese elektrisierende, vorfreudige Stimmung. Die Geister wollten durch mich sprechen, ich spürte es einfach. Ich war ein Medium.

Lisha: Ouija-Board – Geschichten aus dem Jenseits

Weil wir es kaum erwarten konnten, endlich anzufangen, legten wir das riesige Brett einfach in unserem kleinen gemütlichen Wohnzimmer zwischen uns auf die weiße Couch. Diese Nacht war die stürmischste, an die ich mich erinnern kann. Durch die Wohnung schallte das Pfeifen des Windes. Der Baum vor unserem Fenster warf durch das Licht des Vollmondes unheimliche Schatten an die Wand, die lebendig wirkten und aussahen wie etwas Böses, das bei jeder Windbö seine Gestalt änderte.

Lieber schnell die Gardinen zugezogen und eine Kerze angezündet. Keine Zeit mehr verschwenden und die Außenwelt ausblenden. Bis auf das Toben draußen herrschte Stille. Wir hörten nur unseren eigenen Atem immer lauter, da er vor Aufregung immer schneller ging. »Bereit?«, fragte ich ihn. Er nickte. Es konnte losgehen. Mein Puls raste, aber ich freute mich riesig. »Ist irgendjemand da, der mit uns reden möchte?«, fragte ich wieder, wie beim ersten Gläserrücken in der anderen Wohnung. »Für wen bist du heute da?« Diesmal ging es sofort los! Die Plakette wurde uns regelrecht unter den Händen weggezogen – »J« und »K« schrieb sie. Dann bewegte sie sich schnell auf mich zu. Klar, mein Schutzengel war immer noch da. Ich musste schmunzeln. Ein wohliges Gefühl breitete sich in mir aus – ein bisschen so, wie wenn man eine Valium genommen hat: Man ist wie auf Watte gebettet und spürt einfach, dass alles komplett gut und richtig ist. Auch für Lou schien ein Schutzengel da zu sein. Zumindest schrieb die Plakette das Wort »S-C-H-U-T-Z-E-N-G-E-L« ziemlich klar und deutlich und bewegte sich dann geradewegs auf ihn zu. Lou fing an zu schwitzen. »Boah, mir wird gerade ganz warm am ganzen Körper, Silly«, sagte er. »Das fühlt sich total gut an. Aber das kann ja auch Zufall sein!« Das kam jetzt schon viel zögerlicher rüber. Ich antwortete ihm: »Wenn du immer noch nicht dran glaubst, dann stell doch mal Fragen in deinem Kopf, und du wirst Antworten kriegen. Denk doch genau jetzt mal an einen Gegenstand, den ich nie erraten könnte! Und schau, ob das Brett diesen Gegenstand aufschreiben kann.« Lou dachte an einen Baum. Die Plakette bewegte sich langsam, aber zielstrebig. »B-A-U-M«. Ich fragte:

»War es das, Silly? Hast du an einen Baum gedacht?« Er nickte bloß.

Dann dachte er an ein Kind. Das Brett schrieb: »K-I-N-D«. Das ging so weit, bis er an Wörter dachte, die gar keinen Sinn ergaben: »J-F-L-O«, und das Brett schrieb »J-F-L-O«. Lou war völlig fertig mit den Nerven. Ihm stand der Schweiß auf der Stirn. Ich hingegen war einfach nur beseelt. Endlich konnte ich wieder Kontakt mit dem Jenseits aufnehmen!

Nach drei Stunden waren wir beide so voller Euphorie, so voller Glücksgefühle, dass wir an dem Abend am liebsten gar nicht ins Bett gegangen wären. Wir wollten uns einfach immer weiter mit all den guten Geistern unterhalten. Das gab uns so ein großartiges Gefühl, dass wir von dem Moment an süchtig wurden. Täglich machten wir mindestens eine Sitzung. Wie zwei Drogensüchtige, die ihren nächsten Schuss brauchen – ich würde sagen, Lou wollte es zu dem Zeitpunkt fast noch mehr als ich. Das ging sogar so weit, dass wir, wenn wir auch nur kurz im Supermarkt was einkaufen waren, ganz schnell wieder nach Hause wollten, um uns wieder ans Brett zu setzen. Wir waren wie in einem einzigen Rausch, so süchtig nach all den positiven Vibes, nach all den Botschaften und Menschen, die aus dem Jenseits

Kontakt zu uns suchten – das filmten wir schließlich auch und stellten es auf YouTube online. Damit war unsere Serie *Paranormal – wahre Geschichten* geboren, und ihr konntet live erleben, wie die Geister mit uns sprachen.

In der Retrospektive verschwimmen diese einzelnen Sitzungen komplett, so viele sind es gewesen. Aber ein paar besonders haarsträubende Storys müssen wir euch hier unbedingt erzählen:

Manchmal kontaktierten uns komplett fremde Menschen, was ziemlich abgefahren war. Eine noch ziemlich junge Frau, die bei einem furchtbaren Autounfall ums Leben gekommen war, schrieb uns, weil sie sich nicht von ihren beiden Kindern verabschieden konnte. Sie fragte uns, ob wir zu ihrer Tochter fahren könnten, damit wir uns an ihrer Stelle für sie verabschiedeten. Die Verstorbene schickte uns sogar deren Adresse, damit wir sie aufsuchen konnten. Das war wirklich nicht weit weg. Verrückt, oder? Kurz spielten wir mit dem Gedanken, ihr diesen letzten Wunsch zu erfüllen. Aber irgendwie ging uns das dann doch zu weit. Und vor allem: Was hätte die Tochter von uns gedacht? Womöglich hätte sie uns gleich einweisen lassen.

Wieder ein anderer Geist wusste nicht, ob er oder sie schon tot oder noch am Leben war, und war in einer ganz komischen Zwischenwelt gefangen. Deshalb bat er uns, seine verlorene Seele ins Licht zu schicken. Das taten wir dann auch, indem wir ein Räucherstäbchen anzündeten und uns intensiv eine Straße aus Licht vorstellten, die in den Himmel führt, um der Seele den Weg zu weisen.

Hart wurde es eines Abends, als uns mein verstorbener Opa kontaktierte. Als die Plakette sich gleich zum Start zielstrebig auf die Buchstaben »T-U-S-N-E-L-D-A« bewegte, stellten sich mir die Nackenhaare auf. Das konnte nur mein Opi sein, nur er hat mich immer liebevoll so gerufen. »Oh, bitte, Opa, sprich zu mir!«, rief ich laut. Dann schrieb er mir eine Situation aufs Brett, die er offenbar bis zu dem Moment nicht vergessen hatte: Er hatte uns, meinem Bruder, meiner Schwester und mir, mal zu Weihnachten jeweils einen Adventskalender geschenkt. Mein Opa hatte noch Stiefenkel, er wollte aber uns, seinen Lieblingsenkeln, einen Kalender mit Musik schenken, und den anderen Enkeln einen »nur« mit Schokolade. Das hatte er damals aber leider verwechselt, sodass seine Stiefenkelkinder diejenigen mit Musik bekommen haben und wir nur die mit Schokolade. Dass er damals so traurig über diese Verwechslung gewesen sei, genau das wollte er mir unbedingt noch sagen. Dass es ein Versehen gewesen sei, vor über zwanzig Jahren!

Das machte mir erneut klar, dass die Kontaktaufnahme mit dem Jenseits wirklich funktionierte. Mein Unterbewusstsein wäre doch nie auf die Idee gekommen, so etwas aufs Brett zu schreiben. Das denkt sich doch keiner aus! Das musste direkt von der anderen Seite kommen. Mit Tränen in den Augen schaute ich Lou an, der mich sehr gerührt anblinzelte und meine Hand fest in seine nahm. Wahnsinn, was hier passierte! Ich war einfach nur überwältigt von meinen Gefühlen. Bis die Plakette sich weiterbewegte: »D-I-E-O-M-A-K-O-M-M-T-B-A-L-D«. Jetzt bekam ich eine Gänsehaut. Ich hatte ein Gefühl im Magen, als hätte mir gerade jemand mit der Faust hineingeschlagen. Jetzt hoffte ich, dass es sich hier um einen Irrtum handelte. Dass das Brett doch nicht immer die Wahrheit sagt. Doch zwei Wochen später starb meine Oma leider tatsächlich. Da wusste ich aber auch: Jetzt ist mein Opa wieder mit seiner Frau zusammen. Das beruhigte mich ungemein. Bei einer anderen Sitzung bestätigten uns die beiden: »Ja, wir sind jetzt vereint. Ja, wir sind im Himmel. Macht euch keine Sorgen, uns geht es gut!« Das sind so wunderschöne Erfahrungen. Dieses Brett hat so viele ganz wunderbare Seiten. Wenn man es ernst nimmt und mediale Fähigkeiten hat, dann ist es mit das Schönste, was es gibt. Wenn du aber keine Ahnung hast, die Sache und die Energien, die kommen, nicht ernst nimmst, dann kann das echt nach hinten losgehen. Damit sollte man auf keinen Fall spaßen! Dann sollte man definitiv die Finger davon lassen! Das können wir nicht oft genug betonen.

Nach diesen Sitzungen war ich oft sehr, sehr müde und kaputt. Oft hatte ich auch starke Kopfschmerzen, so sehr haben sie an mir und an meiner Energie gezehrt, weil ich ja das Medium war. Manchmal war ich den ganzen nächsten Tag zu gar nichts mehr zu gebrauchen, so stark hat mich das Ganze körperlich ausgelaugt. Wenn ich heute eine ganz bestimmte Art von Kopfschmerz bekomme, weiß ich schon, es ist ein Geist in der Nähe ...

Lou: Ouija-Board – Geschichten aus dem Jenseits

Mir blieb vor allem eine Geschichte im Gedächtnis. Wir saßen wieder eines Freitagabends auf unserem Sofa, das Ouija-Board zwischen uns. Alles fing harmlos wie immer an, wir freuten uns. Inzwischen war das für uns, wie wenn andere Monopoly spielen – nur mit deutlich mehr Adrenalinkick, würde ich sagen. Die Plakette bewegte sich diesmal ziemlich schnell, wir hatten kaum unsere Finger daraufgelegt, zu: »H-A-Y-D-A-R«. Und danach direkt auf mich zu. Ich schaute Lisha fragend an und meinte: »Einen Haydar kenne ich nicht, der ist nicht aus meiner Familie.« Sie zuckte die Schultern. Die Plakette schrieb gleich weiter: »D-O-C-H«. Da war mir mulmig zumute. Wer könnte das sein? Hoffentlich kein böser Dämon, den wir nicht mehr loswürden. Durchs Fenster erkannte man die dunkle Nacht im Zimmer, unsere Kerze flackerte. Mit einem Mal war die Stimmung in unserem Wohnzimmer nicht mehr friedlich und harmonisch. Da war etwas Bedrohliches. Etwas, das ich nicht zuordnen konnte. »W-I-R-H-A-B-E-N-U-N-S-N-I-E-K-E-N-N-E-N-G-E-L-E-R-N-T«, schrieb besagter Haydar als Nächstes. Und löste das Rätsel sogleich auf: Er sei der Onkel meiner Mutter und gestorben, als ich geboren wurde. Ich konnte das nicht so recht glauben, von ihm hatte ich noch nie etwas gehört. Haydar hatte noch einiges zu sagen, was ich hier gar nicht so genau beschreiben möchte. Nur so viel: Es war echt ordinär. Dass er den damaligen Freund von Lishas Schwester als »Bastard« beschrieb, war dabei noch harmlos. Als nach rund eineinhalb Stunden die Plakette schließlich auf »Goodbye« wanderte, war ich jedenfalls erleichtert, dass es vorbei war.

Am liebsten hätte ich gleich am Abend noch meine Mama angerufen, um sie zu fragen, ob es diesen Onkel wirklich gegeben hat. Aber es war schon zu spät, meine Mama schlief längst. Gleich am Morgen rief ich sie an. »Mama, wer ist Haydar?«, platzte es aus mir heraus. Meine Mutter fragte erst mal: »Warum willst du das wissen?« Ich sagte etwas ungeduldig: »Beantworte mir doch bitte einfach die Frage! Gab es je einen Haydar in unserer Familie?« Daraufhin erklärte sie mir: »Ja, das war mein Onkel.

Der ist kurz vor deiner Geburt gestorben.« Um mir wirklich sicher sein zu können, wollte ich von meiner Mama noch wissen, wie Haydar denn so gesprochen habe, ob da was Besonderes an seiner Art gewesen sei. Sie sagte mir, dass er sehr frech und sehr ordinär in seiner Ausdrucksweite gewesen sei. Wahnsinn! Das war er! Das Brett nimmt Kontakt zu den Toten auf – hier hatte ich den Beweis. Meine Gedanken rasten. Ich wurde still am Telefon. Da meinte meine Mama noch: »Lou, bist du noch dran? Du weißt schon, dass das, was ihr beiden da macht, in unserem Glauben verboten ist! Da können schlimme Dinge passieren!« Ich beschwichtigte meine Mutter und meinte, sie solle sich keine Sorgen machen, wir hätten das schon alles unter Kontrolle.

Aber sie behielt recht. Schlimme Dinge passierten, und wir hatten es nicht mehr unter Kontrolle. Das Brett gab uns zwar auf der einen Seite immer wieder Informationen, die tatsächlich stimmten. Da hatten wir Kontakt zu guten Geistern, uns bekannten wie unbekannten Verstorbenen, und es machte einfach nur Spaß, mit ihnen zu kommunizieren. Ich fand es immer wieder unglaublich zu sehen, welch heftige Energie Lisha in sich hat.

Kurz nach der Haydar-Sache erzählte uns das Brett aber auch eine fiese Lüge: Eine von Lishas Freundinnen, zu der sie zu dem Zeitpunkt leider keinen Kontakt mehr hatte, war schwanger – und das Brett suggerierte uns, dass tatsächlich der Ex-Freund der Vater des Kindes sein könnte. Als wir ihn anriefen, um ihn eben das zu fragen, eskalierte die Situation. Er trat bei Lishas Freundin zu Hause sogar die Tür ein, sie weinte bitterlich und bestritt es vehement. Wir hatten daraufhin Megaschuldgefühle, weil wir so eine Lüge ins Rollen gebracht hatten, und dachten erstmals übers Aufhören nach. Wenn bei unseren Séancen solche Falschaussagen herauskommen können, welch unfassbare Macht hatte das Brett dann eigentlich? Was könnte unserer Familie noch alles passieren? Oder uns selbst? Diese Fragen trieben uns insbesondere kurz vorm Einschlafen um. Sollten wir unsere Kommunikation mit den Geistern lieber einstellen?

Als wir schon eine ganze Weile Videos und Liveaufzeichnungen von unseren Sitzungen gemacht hatten, merkte ich, dass ich im Alltag oft gar nicht mehr richtig bei der Sache war. Ich konnte mich auf nichts mehr richtig konzentrieren, sah Sachen, an die ich mich kurz darauf nicht mehr erinnern konnte. Richtig schlimm wurde es nachts, wenn Lisha neben mir längst eingeschlafen war. Ich wälzte mich hin und her und fand einfach keine Ruhe mehr. Weil ich spürte, dass irgendetwas immer in meiner Nähe war. Das war noch nicht mal unbedingt etwas Böses. Ich wusste nicht, was es war – was es noch furchteinflößender machte. Ich hatte immer das Gefühl, es könnte der Geist der jeweiligen Séance sein, die wir am Abend gemacht hatten. Ein Geist, der nicht gehen wollte. Ich fühlte mich zurückversetzt in unsere schlimme Zeit in der verfluchten Wohnung. Oft sah ich auch dieses Licht: So als ob mir jemand mit einer Taschenlampe auf meine geschlossenen Augen mitten ins Gesicht leuchten würde. Und wenn ich die Nachttischlampe anknipste, war da nie etwas.

Tagsüber passierten auch komische Dinge: Unser Wasserkocher ging von allein an. Der Mülleimer bewegte sich von allein weg. Das Shampoo im Badezimmer stand an einer anderen Stelle. All solche Sachen empfanden wir zu der Zeit schon fast als normal.

Das Schärfste war, als Lisha und ich einmal auf dem Bett nebeneinandersaßen. Wir hatten beide ganz entspannt die Füße auf dem Boden und ein Kissen am Rücken. Mit einem Mal flog genau dieses Kissen zwischen uns hindurch und landete vor uns auf dem Boden. Ich dachte: »Das war eindeutig Lisha. Ich soll nur glauben, dass das Kissen von Geisterhand geflogen ist.« Lisha hingegen dachte, ich sei das gewesen. Dann diskutierten wir zehn Minuten und lachten. Bis wir beide schließlich meinten: »Ich war es wirklich nicht!« Da wurde uns klar, dass wirklich keiner von uns beiden das Kissen geworfen hatte. What? Da in der Situation ja aber nichts Schlimmes passiert war, konnten wir drüber lachen – auch wenn es doch ganz schön gruselig war. Wo fliegen denn bitte Kissen von selbst?

Einmal machten wir eine Séance, die wir auch für YouTube aufzeichneten, nach der mir ganz besonders mulmig war. Als ob irgendetwas passieren würde. Ich wusste aber nicht, was, wieso und wann. Es war das Gefühl, als ob etwas in mich reinginge, Besitz von mir ergreifen würde – ein furchtbares Gefühl. Ich wusste ja noch, wie es sich anfühlte, als mir das als Jugendlicher passiert ist. Das wollte ich auf keinen Fall jemals wieder erleben! Das machte mir Todesangst.

Jedenfalls war nach dieser einen Sitzung irgendetwas da, das Besitz von mir ergreifen wollte. Ich lag im Bett, und es fühlte sich an, als ob jemand plötzlich

Mengen an warmem Wasser auf mich kippen und mir damit schlagartig die Luft zum Atmen nehmen würde. Ich japste nach Luft. Und rannte auf unseren Balkon, um dort tief ein- und auszuatmen. Da war es wieder: genau das Gefühl, das ich von damals kannte. Das Gefühl zu ersticken. Ich brauchte etwa zwanzig Minuten, bis ich wieder ruhig und normal atmen konnte. Dann ging ich unter die Dusche, um wieder zu mir zu kommen. Erst danach konnte ich mich wieder ins Bett legen.

Als dann an einem heißen Sommerabend die wirklich bösen Mächte zu uns ins Haus kamen, war es mit dem Schlaf in unserer neuen Wohnung endgültig vorbei. Wie gut, dass wir diese wirklich gruselige Ouija-Brett-Sitzung ohne Kamera abgehalten haben! Die war einfach zu heftig – und wir wollen euch ja keine Angst machen. Es reicht völlig, dass wir den Schreck unseres Lebens bekamen.

Wie gesagt, es war ein fast tropischer Sommertag und entsprechend eine richtig schöne, laue Nacht. Deshalb wollten wir unsere Séance diesmal auf unserem kleinen Balkon abhalten. Wir hatten gerade noch lecker zu Abend gegessen – es gab mein Lieblingsessen,

Pizza –, und dann machten wir es uns draußen gemütlich. Unser Balkon war nur rund eineinhalb Meter breit und drei Meter lang. Er bot aber Platz genug für unsere grüne Sitzecke aus Plastik mit einem kleinen runden Tisch, der ein Loch in der Mitte hatte für den Sonnenschirm. Die Kastanie war üppig grün und bot einen idyllischen Anblick. Wir saßen uns mit nackten Füßen auf unserem grünen Kunstrasenteppich am Tisch gegenüber, unser Lieblingsholzbrett zwischen uns. Die Luft drückte, es war schwül, als läge ein Sommergewitter in der Luft. Aus dem Hof waren noch gedämpftes Geplauder und Gelächter zu hören.

Die Dämmerung setzte ein und tauchte den Himmel in ein orangerotes Licht. Es war echt ein wunderschöner Abend! Noch.

Bis Lisha fragte: »Ist irgendjemand da, der mit uns reden möchte? Wir freuen uns, wenn du Kontakt zu uns aufnimmst!« Plötzlich, ohne jegliche Vorwarnung, zog es uns die Plakette nur so weg unter den Händen. Wusch. Wir guckten uns verwirrt in die Augen. Die Kraft war so anormal stark, dass ich mit einem Mal ein ganz komisches Gefühl im Bauch hatte. Das ist gerade nicht wie sonst! Das ist keine normale Seele, die uns hier kontaktieren möchte. Es ist anders als alles, was wir bisher erlebt haben. In dem Moment, als hätte jemand das Kommando dazu gegeben, versammelten sich auf der Kastanie gegenüber Hunderte von schwarzen Krähen, Elstern und Raben. Nur die Vögel von der ganz fiesen Sorte waren das, die da im Baum hockten. Wie im bekannten Horrorfilm *Die Vögel* von Alfred Hitchcock. Erst waren Lisha und ich noch überrascht, guckten uns an, und ich meinte: »Wo kommen die denn jetzt her?« Da fingen all diese Vögel an zu schreien und zu krähen wie verrückt. So laut, dass wir unser eigenes Wort nicht mehr verstanden. Einige flatterten wie wild direkt vor unserem Balkon auf und ab, so als würden sie sich jeden Moment auf uns stürzen wollen. Eine Krähe hackte mit ihrem Schnabel sogar auf das Balkongeländer ein. Lisha klammerte sich Hilfe suchend an mich. Dazu kam ein

© Lou

fieser Wind auf, unsere Kerze, obwohl sie im Windlicht geschützt war, erlosch. Mit einem Mal war es auch noch ganz schön dunkel. Lishas Haare flogen wild durcheinander. Da war etwas sehr Böses mitten unter uns, das ging direkt unter die Haut. Dieses Mal hatten wir keinen guten Geist erwischt. »ZoZo«, flüsterte Lisha mit weit aufgerissenen Augen. »Das muss ZoZo sein!« Wir wussten beide, dass das ein ganz besonders fieser Dämon ist, der Leuten, die gerade am Brett sitzen, gern Angst einjagt – von ihm hatten wir gelesen, als wir bei YouTube nach Anleitungen fürs Brett gesucht hatten, kurz vor unserer ersten Sitzung. Sein Markenzeichen sei die Krähe. Das Ganze war so furchteinflößend. Wir wollten nur noch, dass es aufhörte. Schnell! »Lass uns das abbrechen, Silly, sofort!«, rief ich Lisha über das Gekrähe hinweg zu und drückte sie sanft zurück auf ihren Stuhl. Wir legten beide schnell unsere feuchten Hände auf die Plakette und hofften, beteten, der Geist aka ZoZo würde uns die Sitzung jetzt auch wirklich beenden lassen. Als sich die Plakette schließlich langsam auf »Goodbye« schob, flogen mit einem Mal, als hätte jemand in den Baum geschossen, alle Vögel gleichzeitig mit lautem Flügelschlag eilig los gen Himmel.

Zu dieser krassen Sitzung kam noch hinzu, dass uns mittlerweile mehr und mehr Kinder anschrieben und erzählten, sie hätten Séancen wie unsere nachgemacht und würden jetzt auch von Albträumen verfolgt.

Das war der Punkt, an dem wir gesagt haben: Wir sind Vorbilder, wir können das nicht mehr machen – weder vor noch hinter der Kamera. Das tat uns so weh, aber wir hatten keine andere Wahl. Wir wussten, wir müssen aufhören, sonst würden noch viel schlimmere Dinge passieren.

Lisha: Exorzismus in der Moschee

Nach dieser Zeit ging es mir körperlich wie seelisch immer schlechter und schlechter. Ich hatte unglaubliche Rückenschmerzen, gegen die der Arzt mit seinen Spritzen nichts machen konnte. Es wurde auch keine Ursache dafür gefunden. Ich war nur noch aggressiv gegen alles und jeden und fühlte mich vom Pech verfolgt. Egal womit ich in Verbindung war, es lief schief. Ich war ein richtiger Pechvogel, anders konnte man das nicht sagen. Lous Mutter meinte dann: »Geht noch mal in die *Cami!* Lasst doch noch mal für euch beten! Gerade jetzt in dieser Phase mit dieser verfluchten Wohnung und allem, was da passiert ist, könnte euch das doch guttun.« Sie bat uns regelrecht, noch mal hinzugehen. Ich versuchte immer, Ausreden zu finden. Irgendetwas in mir wollte nicht mehr in diese Moschee gehen. Irgendwann sagte meine Mutter, weil sie sich auch Sorgen machte: »Komm, heute ist doch Donnerstag, der Tag, an dem sie beten. Lass uns doch mal in die *Cami* gehen!«

Weil meine Mutter meinte, sie würde mit uns kommen und mich dabei unterstützen, gab ich mich geschlagen und sagte widerwillig: »Okay, dann machen wir das jetzt!«

Schon im Auto auf dem Weg dorthin bekam ich keine Luft mehr. Ich konnte nicht mehr atmen, tat vor meiner Mutter und Lou aber so, als ginge es mir gut. Also fragte ich die beiden: »Wollen wir nicht noch was essen gehen vorher? Es ist doch so warm. Oder lasst uns ein Eis essen. Was wollen wir denn jetzt in der *Cami?*« Ich versuchte wirklich alles, damit wir nicht dorthin fuhren. Als Antwort bekam ich aber ein klares »Nein«, die beiden wollten jetzt definitiv in die Moschee zum *Hoca* und merkten schon, dass mit mir etwas nicht stimmte, dass ich nicht hinwollte. Aber: Keine Widerrede, da war nicht mit ihnen zu reden. Ich band mir also wieder mein Kopftuch um, und wir fuhren zur *Cami* am Görlitzer Bahnhof.

Schon beim Betreten der Moschee merkte ich, wie meine Rückenschmerzen unbeschreiblich schlimm wurden. Ich hatte das Gefühl, ein Achtzig-Kilo-Mann säße auf meinen Schultern. Ich konnte nicht mehr atmen, meine Brust war wie zugeschnürt. Mir wurde heiß am ganzen Körper. Ich hatte das Gefühl, innerlich zu verbrennen. Wir stiegen in den Fahrstuhl. Ich bekam Schweißausbrüche und wollte so schnell wie möglich nur weg von hier.

Es folgte das gleiche Szenario: Der *Hoca* begrüßte uns genauso freundlich wie immer. Doch schon im nächsten Moment sagte er wortwörtlich: »Sie hat einen Schaden vom Teufel.« Ich dachte mir: »Was ist jetzt bitte los?« Ich wusste instinktiv, dieses Mal wird es anders. Es wird nicht wie beim ersten Mal, dass ich nur zittere und mir das Atmen schwerfällt. Ich merkte, hier passiert gleich was – und ich wurde echt nervös. Der *Hoca* meinte, ich solle mich auf die Couch setzen und meine Augen geöffnet lassen, während er beten werde. Er fing an zu beten, und in dem Moment fielen meine Augen zu. So, dass ich sie nicht mehr öffnen konnte. Ich hatte das Gefühl, meine Augenlider würden vierhundert Kilo wiegen oder wären rundum zugetackert. Er sagte immer wieder: »Mach deine Augen auf und guck mich an!« Aber ich konnte nicht, es war unmöglich. Ich bekam keine Luft mehr, rang nach Luft. Mein ganzer Körper bebte. Meine Beine zitterten, meine Hände zitterten. Ich fing an zu weinen. Ich bekam Schweißausbrüche. Dabei betete der *Hoca* jetzt so laut, dass ich mir am liebsten die Ohren zugehalten hätte. Das war so schmerzhaft, diese Stimme vom *Hoca* in meinen Ohren beten zu hören. Es fühlte sich so an, als würde er mit einem Megafon neben mir stehen und mir ins Ohr schreien. Mir ging es verdammt schlecht, ich dachte, ich müsste sterben. Ich konnte mir überhaupt nicht erklären, was mit mir los war. Ich merkte nur, etwas in mir kämpfte dagegen, dass ich in dieser *Cami* war, dass dieser *Hoca* da war und für mich betete.

Dann hörte er auf zu beten, und auf einmal spürte ich Schläge. Auf meinen Knien, auf meinen Schultern, auf meinen Rippen. Überall schmerzhafte Schläge. Ich hatte das Gefühl, dieser *Hoca* würde mit einem Baseballschläger auf meine Knie schlagen, auf meine Schultern und auf meine Rippen. Stopp! Aufhören! Ich hatte wirklich Schmerzen und fragte mich: »Wie können meine Mutter und Lou dasitzen und dabei zugucken, wie mich dieser *Hoca* mit einem Riesengegenstand schlägt?« Das konnte ich überhaupt nicht fassen. Aber es war mir auch nicht möglich nachzusehen, weil meine Augen immer noch fest verschlossen waren. Ich konnte nur fühlen und hören.

Irgendwann, nach dem Gebet und nach den Prügeln, sagte er, ich solle aufstehen. Also kam ich auf die Füße. Ich machte meine Augen auf – das ging plötzlich wieder so leicht wie immer. Der *Hoca* stand hinter mir, Lou und meine Mutter saßen vor mir. Auf einmal wurde ich nach hinten gezogen. Es fühlte sich an, als würde ich einen schweren Rucksack tragen, und jemand zöge so stark an diesem Rucksack, dass ich nur nach hinten fallen konnte. Das passierte drei- oder viermal hintereinander. Immer wieder ein ganz starker Zug nach hinten. Jedes Mal so, dass ich mich nur noch mit Mühe auf meinen Beinen halten konnte. Meine Mutter und Lou saßen vor mir. Lou riss seine Augen weit auf. Meine Mutter hielt sich die Hände vor den Mund. Die beiden konnten nicht glauben, was da gerade passierte. Wovon sie gerade Zeugen wurden.

Das Ganze dauerte ungefähr eine Stunde. Ich hatte danach unglaubliche Angst, weil ich nicht glauben konnte, was da passiert war. Ich verstand die Reaktionen meines eigenen Körpers nicht mehr. Warum ich zitterte, warum ich weinte, warum ich keine Luft bekam, warum ich meine Augen nicht öffnen konnte und warum ich mit diesen Stöcken geschlagen wurde. Ich war einfach komplett durcheinander – dann auch noch die Stimme des *Hocas* im Ohr, ich hätte einen Schaden vom Teufel, weil ich mich zu viel mit dem Ouija-Board und mit den Dämonen beschäftigt hätte. »Wenn du heute nicht damit aufhörst, war das nur der

Anfang«, gab er mir noch mit auf den Weg. Er sagte: »Jetzt kann ich dich noch retten. Aber wenn du damit weitermachst, kann ich dich irgendwann nicht mehr retten.« Dann sprach er ein Gebet und pustete auf Weihwasser, wovon er mir eine kleine Flasche in die Hand drückte. »Wenn du dich nicht wohlfühlst, reibe und sprühe dich damit ein. Dann wird es dir besser gehen!« Mit diesen Worten verabschiedete er uns.

Als wir den Raum verließen, war das Erste, was ich zu Lou und meiner Mutter sagte: »Wie konntet ihr zulassen, dass er mich mit so einem Riesenstock schlägt?« Sie gucken mich an, und Lou antwortete entsetzt: »Willst du uns verarschen? Was denn für ein großer Stock? Der hat dich doch nie geschlagen. Was erzählst du denn da?« Da nahm mich Lou an der Hand, zog mich zurück in den Raum des *Hocas* und sagte: »Kannst du uns bitte den Stock zeigen, mit dem du ganz leicht an ihre Knie und Schultern getippt hast? Sie ist der Meinung, sie wurde hier mit einem Baseballschläger von dir verprügelt.« Der *Hoca* gab mir den Stock. Ich guckte darauf und konnte es nicht fassen: Er war original so lang wie ein Zeigefinger, so dünn wie ein kleiner Finger und wog vielleicht zehn Gramm. Damit kann dich niemand schlagen. Obwohl er mich also nur angetippt hatte, hatte ich das Gefühl gehabt, er würde mir die Kniescheibe zertrümmern. Lou sagte: »Silly, ich hätte doch nie zugelassen, dass er dich mit irgendwas schlägt! Du weißt doch, ich wäre dazwischengegangen!« Ich konnte es nicht verstehen, weil meine Wahrnehmung so anders gewesen war.

Lou erklärte mir später im Auto, der *Hoca* habe etwas von meinem Rücken gezogen, was keiner sehen konnte. Er habe diesen kleinen Stock in der Hand gehabt, auf dem etwas aufgewickelt gewesen sei, was vorher an meinem Rücken gehaftet hätte, und während er das aufwickelte, sei ich nach hinten gezogen worden– obwohl er mich überhaupt nicht berührt hätte. Also muss da etwas gewesen sein, was er tatsächlich von mir entfernt hatte.

Heute weiß ich: Der *Hoca* führte an dem Tag so etwas wie einen kleinen Exorzismus bei mir durch. Etwas hatte an meinem Rücken gehaftet– daher auch meine Rückenschmerzen vorher. Die waren übrigens nach diesem Besuch für immer weg.

Dieser Tag war so krass für mich, das werde ich nie mehr vergessen. Wenn ich jetzt überlege, dass das alles passierte, weil wir Ouija-Board-Sitzungen gemacht hatten oder weil zu Beginn unserer Beziehung ein paar Leute neidisch auf uns gewesen waren, bekomme ich Angst. Lou sagt so oft zu mir: »Lass uns doch noch mal in die *Cami* gehen.« Denn: Wir sind jetzt Personen des öffentlichen Lebens, und wir glauben sehr an *Nazar*, an die Macht der bösen Blicke. Täglich sehen uns Millionen von Menschen, und die mögen uns nicht alle. Wenn uns eine Million Leute sehen, dann wird es mindestens hunderttausend davon geben, die sagen: Wir finden euch scheiße! Ich hoffe, ihr verliert alles, was ihr euch aufbaut. Ich hoffe, ihr trennt euch. Ich hoffe, euch passiert was.

Und das alles passiert jetzt mittlerweile schon seit sechs Jahren täglich. Dass wir so viele böse Augen jeden Tag aufs Neue auf uns gerichtet haben. Ich merke auch, dass es mir damit oft nicht gut geht, dass seltsame Träume wieder anfangen. Ich weiß, es wäre gut, wir würden noch mal in die *Cami* gehen und für uns beten lassen – aber dieser Tag hat solche Spuren und so eine riesige Angst in mir hinterlassen, dass ich mich nie wieder getraut habe, auch nur einen Fuß in eine *Cami* zu setzen. Das war das letzte Mal.

Lisha: Geister auf Mallorca

Am 10. Juni 2021 war es so weit: Wir kehrten Berlin den Rücken und zogen nach Mallorca um. Wir hatten in Deutschland schon länger eine depressive Phase. Seit eineinhalb Jahren wohnten wir in unserem großen Haus in Rudow. Lou und ich waren nicht mehr kreativ, drehten keine Videos mehr und arbeiteten insgesamt wenig, selbst für Instagram machten wir nichts mehr. Wir schliefen tagsüber, und nachts lagen wir wach – obwohl uns in dieser Zeit gar nichts Paranormales passierte, was uns den Schlaf hätte rauben können. Wir waren wirklich an einem Tiefpunkt, und wir wussten, wir müssen da raus. Und jedes Mal, wenn wir auf Mallorca waren, und das waren wir ja sehr oft seit dem Dreh von *Das Sommerhaus der Stars,* merkten wir, dass wir dort total aufblühen und auch viel kreativer sein können. Deshalb entschieden wir uns, Berlin zu verlassen.

Für unseren Umzug kamen wir am 4. Juni noch mal nach Berlin zurück. Wir wollten nur das Wichtigste mitnehmen: Kommoden, die wir in der Türkei hatten anfertigen lassen, einen Schminktisch, den Wohnzimmertisch, unseren Fernsehschrank mit Kamin und ganz viele Spiegel aus Chrom und Strass. Schon zwei Tage später kam der Lkw, um die Möbel in Berlin abzuholen. Den Rest wollten wir auf Mallorca neu kaufen. Insgesamt kam mir der Umzug stressfreier vor als ein Umzug innerhalb Deutschlands, aber wir hatten trotzdem sehr viel Arbeit. Eine Woche lang räumten wir wie bekloppt zu zweit unser ganzes Haus aus, denn am 10. Juni mussten wir schon wieder auf Mallorca sein, um den Lkw dort wieder in Empfang zu nehmen. Wir lösten also in drei Tagen das ganze Haus auf: ein Haus mit sechs Zimmern, jedes davon vollgestellt, auf drei Etagen und zweihundert Quadratmetern. Den Rest an Möbeln verkauften wir, und wir verschenkten fast vierzig Umzugskisten voll mit Klamotten an Bedürftige. Wir wollten damit aufhören, immer alles zu lagern und von einem Haus ins nächste mitzuschleppen. Wir sagten uns wirklich: Komm, wir trennen uns jetzt von dem, was wir nicht immer tragen – auch wenn es schwerfällt. Da waren auch noch viele ganz neue Klamotten mit Etiketten dabei. Auch unser großes schwarzes Ouija-Board ließen wir in Berlin – das brachten wir mit ein paar anderen Sachen, die uns wertvoll waren, in ein angemietetes

Lager, eine Garage. Da liegt es nun in einem der zehn Kartons, irgendwo neben meinem drei Meter großen Teddybären, der hier auch einfach keinen Platz hätte. Ich wollte aber unbedingt auch ein Hexenbrett mit nach Mallorca nehmen. Deshalb hatten wir schon drei Monate vorher im Internet ein neues schönes Brett bestellt, aus hellem Holz und mit Lack drüber, das kam aber ewig nicht an. Ich war mir schon sicher, dass es überhaupt nicht mehr geliefert werden würde. Aber einen Tag, bevor es nach Mallorca ging, kam dieses Paket an – nach drei Monaten! –, und das Brett war drin. Darüber freute ich mich total und meinte zu Lou: »Guck mal, das passt in meinen Koffer!« Er war zwar nicht so begeistert davon, aber ich sagte: »Komm, lass es uns mitnehmen, vielleicht machen wir ja irgendwann noch mal eine Sitzung.«

Die Zeit des Umzugs war schon sehr stressig. Ich weiß nicht, wie wir das geschafft haben, alles nur zu zweit. Schon auf dem Weg nach Mallorca bemerkte ich, dass ich krank wurde. Da fing es an mit meinen Mandelschmerzen. Zu dem Zeitpunkt hätte ich meinem Körper zwei Tage Ruhe gönnen sollen, aber Ausruhen war halt nicht. Am nächsten Morgen stand direkt der Dreh von *Goodbye Deutschland! Die Auswanderer* an, und als der Lkw ankam, hieß es: noch mal elf Stunden

Dreharbeiten. Wieder viel schleppen, alles nur zu zweit. Am Abend war ich komplett k.o., hatte über vierzig Grad Fieber und so schlimme Mandelschmerzen, dass ich nur noch gespuckt habe, weil das Schlucken so schmerzhaft war. Ich konnte nicht essen und nicht trinken, und dazu kam ein schlimmer Husten. Wir dachten wirklich kurz, ich hätte Corona. Aber wir machten drei Tests, und das war es – Gott sei Dank – nicht. Aber dieser Umzug gab mir den Rest, mein Körper war am Ende. Ich lag noch eine Woche flach.

Seit dem Moment, als ich das Ouija-Board aus dem Koffer herausgeholt habe, passieren in unserem neuen Haus komische Dinge. Das war unsere ersten drei Monate auf Mallorca definitiv nicht so gewesen. Daher weiß ich auch, dass jetzt jemand hier ist. Es fallen ständig Dinge herunter wie unsere Handtücher, Küchenrollen, Seifenspender, Shampoos ... Dinge, die so fest stehen, dass sie nicht von allein fallen könnten. Unsere Hunde springen aus dem Nichts auf und knurren und bellen hektisch etwas an, das wir nicht sehen. Ich kann es aber fühlen. Früher bekam ich schon Panik, wenn Sachen umgekippt sind – Lou ebenfalls. Heute ist es so, dass wir keine Angst mehr haben. Wir wissen ganz genau beziehungsweise können unterscheiden, wann es etwas Normales ist, wie etwas vom

Wind Umgefallenes, und wann etwas Paranormales. Und selbst wenn es sich um Letzteres handelt, brechen wir nicht mehr in Panik aus. Weil ich empfindlicher reagiere als Lou, bekomme ich in solchen Momenten Atemnot und sehr starke Kopfschmerzen, die schlimmer sind als jede Migräne, die du dir vorstellen kannst – und die ich gleich zuordnen kann, weil es keine normalen Kopfschmerzen sind. Diese Art sitzt viel tiefer, ist stärker ausgeprägt und bringt einen ganz unangenehmen Druck mit sich. Deshalb weiß ich auch immer ganz genau: Jetzt ist jemand hier, und der hat etwas heruntergeworfen. Meistens lachen Lou und ich dann darüber und reden mit der Person, die wir natürlich nicht sehen können. »Ach, hat hier wieder jemand Langeweile?«, kommt es dann von Lou oder mir. »Was willst du uns sagen?« Meistens sagen wir dann auch ins Leere: »Mach es doch noch mal!« Das passiert dann natürlich nicht. Deshalb bekommt man das auch nie auf die Kamera.

Ein wirklich mulmiges Gefühl macht es uns gerade, dass wir nachts immer um dieselbe Uhrzeit, etwa drei Uhr morgens, einen lauten Knall aus dem Badezimmer hören, das direkt neben unserem Schlafzimmer ist. Es ist ein so lauter Knall, als würde jemand die ganze

Dusche auseinandernehmen, direkt einen Meter neben unserem Bett. Und wenn wir dann zeitgleich wach werden und uns fragen: »Was war das?«, finden wir weder im Bad noch sonst wo im Haus irgendeine Antwort darauf.

Vor drei Tagen fuhren wir mit Lous kleinem Bruder, der für zwei Wochen bei uns zu Besuch war, zusammen in den Supermarkt. Dieser ist von unserem Haus aus ungefähr fünf Minuten mit dem Auto weg und so groß, dass man dort alles bekommt. Als wir unseren Einkaufswagen durch die Gänge schoben, fragte ich Lous Bruder: »Traust du dich, mal eine Hexenbrettsitzung mit uns zu machen, oder hast du Angst?« Ich stichelte im Spaß: »Wenn du Schiss hast, dann mache ich es allein und schicke die Geister nachts in dein Zimmer!« Da fielen mit einem lauten Krach drei Parfum-Geschenkboxen aus dem Regal, also ungefähr dreißig mal vierzig Zentimeter große Kartons, und klatschten auf den Boden. Aber nicht weil sie vielleicht komisch auf der Kippe standen. Nein. Jede kam uns aus einer anderen Ebene entgegen – eine aus der fünften, eine aus der siebten und eine aus der achten, der obersten Etage dieses Regals. Grundlos. Lous Bruder guckte gerade in die Richtung, während Lou und ich mit dem Rücken zum Regal standen. Er riss seine Augen auf und sagte: »Ihr habt keine Ahnung, wie das aussah! Die Boxen konnten gar nicht fallen. Es gab keinen Grund oder Anlass dafür. Es war so, als würde sie jemand herausreißen!« Wir drei waren sprachlos, hoben die Boxen auf, legten sie wieder zurück ins Regal und verließen mit unseren Einkäufen den Supermarkt.

Das Schlimmste, wofür es keinerlei Erklärungen gibt, passierte vorgestern Nacht, ausgerechnet an meinem Geburtstag, dem 23. Juni. Lou, sein Bruder und ich wollten in meinen B'day reinfeiern. Genau in dieser Nacht gab es einen unglaublichen Sturm mit Regen und Gewitter. Darüber ärgerte ich mich so sehr, dass ich auf Instagram eine Story darüber machte, dass natürlich nur an meinem Geburtstag so ein Sch...wetter sein muss. Der Wind war so stark, dass man das Gefühl hatte, der ganze düstere Wald gegenüber unserem Haus würde sich bewegen. Vor unserem Haus, zwischen Wald und Gartentor, ist eine Laterne, in deren grellgelbem Licht die Fledermäuse flatterten. Es regnete in Strömen, und alle paar Sekunden waren Blitze am Himmel zu sehen, die im Haus alles beleuchteten, obwohl das Licht aus war. Nur eine einzelne Sandelholz-Duftkerze brannte in unserem riesigen, weiß gefliesten Wohnzimmer. Es donnerte so stark, dass sich unsere Hunde vor Angst in ihre Höhle verkrochen. Sie hassen Gewitter! Es fühlte sich an wie ein Erdbeben.

Als würde all das nicht reichen, schauten wir uns den Film *Devil Inside* auf unserem Flatscreen an. Wir saßen gemütlich auf unserer neuen weißen Ledercouch, mit Eistee und ein paar Sachen zum Knabbern vor uns auf dem Couchtisch.

Zwanzig Minuten vor Mitternacht kam plötzlich ein Flüstern aus unserer Alexa-Box, die auf dem Regal stand. Was? Wir konnten nichts verstehen, sprangen alle drei vom Sofa auf, weil wir so erschrocken waren, mussten dann aber lachen und meinten: »Ja, das passiert halt mal bei Alexa. Manchmal macht sie das ganz von allein.« Lou und sein Bruder setzten sich wieder hin, ich zog den Stecker aus der Alexa-Box, weil ich es komisch fand, setzte mich wieder hin, und weiter ging es mit dem Film. Zwei Minuten vor Mitternacht.

Um 23.58 Uhr wieder ein Flüstern aus der Box! So wie ein dunkles Atmen. Ich schrie: »Oh, mein Gott, habt ihr das gehört? Was ist hier los?« Lou und sein Bruder meinten beide so: »Mann, das passiert bei Alexa manchmal! Chill mal!« Und lachten. Ich ging zur Box und zeigte den beiden, dass der Stecker gezogen war. Es war unmöglich, dass das passierte! Als die zwei das sahen, machten wir den Horrorfilm aus, die Komödie *White Chicks* an und hatten ein schreckliches Gefühl in uns.

Simone hatte mir ja bereits gesagt, dass so ein Brett für Geister und Dämonen wie eine Tür in unsere Welt ist, und wenn jemand unbedingt hineinwill oder was mitteilen möchte, dann kann es sein, dass sie sehr aufdringlich werden. Ich bin davon überzeugt, dass unser neues Brett wieder alle möglichen Wesen anlockt – jetzt in unser Haus auf Mallorca ...

Es passieren so krasse Dinge, unfassbar!

Wir haben hier eine Alarmanlage samt Kamera, die wir nur aktivieren, wenn wir ins Bett gehen. Sobald wir in unserem Haus herumlaufen, heult sie laut los – und zeigt die Bilder von all dem, was vor der Kamera in Bewegung war. Vorgestern Nacht war sie noch nicht aktiviert, da wir beide noch wach waren. Es war null Uhr zehn. Ich saß noch auf dem Sofa und schaute fern, Lou war im Badezimmer. Da heulte das Teil so richtig laut los. Ich bekam den Schock meines Lebens und sprang von der Couch auf. Lou kam aus dem Bad gestürmt und rief: »Warum ist die Alarmanlage an? Was ist passiert? Seit wann haben wir denn drinnen die Alarmanlage an?« Ich kontrollierte sie – und was stellte ich fest? Sie war definitiv nicht aktiviert! Also schauten wir uns die Bilder an, welche die Kamera in diesem Moment aufgenommen hatte: Nichts war zu sehen. Niemand war im Bild. Es muss aber jemand vorbeigelaufen sein, sonst wäre der Alarm gar nicht erst losgegangen.

Dieses eine Ereignis hätten wir vielleicht noch als technischen Fehler abtun können, wenn nicht in der folgenden Nacht das Schlimmste passiert wäre, was ich jemals in meinem Leben erlebt habe – und ihr wisst, dass ich schon einiges hinter mir habe.

Lou und ich gingen gegen zwei Uhr morgens in unser Schlafzimmer, legten uns ins Bett und schauten noch den Film *Blair Witch Project* an. Lou hatte unser gerettetes Papageienbaby auf seiner Brust, und ich legte mich auf seine Beine, mit meinem Kopf Richtung Fernseher. Langsam, aber sicher schlief ich ein. Es dürfte so gegen drei Uhr morgens gewesen sein.

Im Zimmer war es komplett dunkel. Das einzige Licht, das wir hatten, kam vom Fernseher, weil wir alle Jalousien zugezogen hatten. Wir mögen es nicht, wenn morgens schon die Sonne ins Fenster scheint, obwohl man noch schlafen möchte. Und die Sonne ist auf Mallorca echt heiß, die möchte niemand ab sechs Uhr früh im Gesicht haben. Um drei Uhr zwanzig – das sagte mir ein schneller Blick auf mein Handy – wurde ich noch mal kurz wach. Da ging ich ins Badezimmer, das direkt an unser Schlafzimmer grenzt, putzte noch meine

Zähne und legte mir meine geweihte Kreuzkette um den Hals. Ich trage sie mittlerweile nur noch nachts, weil sie mir zu wertvoll ist. Dann ging ich zurück ins Schlafzimmer, legte noch unser Papageienbaby in sein Nest neben meinem Bett und schlief sofort ein.

Etwa eine Stunde später wurde ich wach und hatte unglaublichen Durst. Das kommt bei mir wirklich oft vor, und trotzdem vergesse ich immer wieder, mir etwas zu trinken an mein Bett zu stellen. Also laufe ich fast jede Nacht aus dem Schlafzimmer die Steintreppe nach unten in die Küche, öffne den Kühlschrank und hole mir etwas zu trinken heraus, um es wieder mit nach oben zu nehmen. Auch in dieser Nacht ging ich hinunter in die Küche, wollte gerade den Kühlschrank öffnen, um mir einen Apfelsaft zu nehmen, und bemerkte plötzlich, dass etwas nicht stimmte … Ich sah mich um und merkte, dass alles so düster wirkte. Das ganze Haus war dunkel, stockfinster, denn es war mitten in der Nacht. Nicht einmal das Mondlicht schien herein. Das einzige Licht kam von der Straßenlaterne draußen. Ich sah also eigentlich nur Umrisse, doch da war einer, an den ich mich nicht erinnern konnte. Ich war doch fast jede Nacht hier unten, und ich wusste genau, wie unser Haus im Dunkeln aussieht. Was zur Hölle stand dort im Türrahmen zur

Gästetoilette? Ich bekam langsam Panik und fühlte mein eigenes Herz hart und schnell gegen meine Brust schlagen. War meine Kette noch da? Träumte ich gerade? War ich wach? »Bitte nicht schon wieder diese Dimension!«, betete ich innerlich. Und fasste mir instinktiv an meinen Hals. Dann der Schock: Wo war meine Kette? Plötzlich fing der unbekannte Umriss im Rahmen der Gästetoilette schaurig an zu lachen. Das Wesen kam etwa drei Schritte auf mich zu, und ich konnte es durch das wenige Laternenlicht sehen: Es war das ekelhafte, blasse weiße Gesicht mit den verwuschelten schwarzen Haaren, welches mich schon einmal in meinen Träumen besucht und sich als Lou ausgegeben hatte – das Wesen, das mir so ekelhaft übers Haar gestreichelt hatte. Ich wusste: »Ich muss sofort nach oben ins Schlafzimmer rennen und Lou davon überzeugen, mich sofort aus diesem Albtraum herauszuschütteln!« Ich rannte also panisch unsere kühle Treppe hinauf und riss dabei vor lauter Panik unsere zwei ungefähr vierzig Zentimeter großen schwarzen Deko-Schmetterlinge, die wir an die Wand genagelt hatten, herunter. Es rumpelte laut, aber ich konnte nicht stehen bleiben und rannte einfach weiter ins Schlafzimmer, ohne mich auch nur einmal umzudrehen.

Unser Papageienbaby lag neben meiner Bettseite in seinem Nest – und ich selbst lag immer noch auf Lous Beinen und schlief friedlich! Der aber guckte ganz erschrocken, er hatte den Krach aus dem Wohnzimmer gehört und wollte gerade nachsehen, was da so laut war mitten in der Nacht. Weil ich aber ja auf seinen Beinen lag, konnte er das nicht. Als ich meinem eigenen schlafenden Körper immer näher kam, konnte ich nicht glauben, was ich da sah. Dort, auf meiner Bettseite, lag meine geweihte Kreuzkette, kaputt, von meinem Hals gerissen! Wie hatte das passieren können? Ich hörte schon die Schritte, die langsam die Treppenstufen ins Schlafzimmer hochkamen. Da schrie ich nach Lou. Ich bekam immer mehr Panik und wusste, wenn Lou mich nicht gleich weckte, würde mir etwas Schlimmes passieren. Ich schrie, ich betete und versuchte, irgendwie auf mich aufmerksam zu machen. Plötzlich sah ich, wie mein Körper auf Lous Schoß anfing zu zucken. Lou bemerkte es sofort und weckte mich. In diesem Moment wurde ich in meinen Körper zurückgezogen – in der letzten Sekunde. Das Wesen war gerade dabei, in unser Schlafzimmer zu kommen.

Mit Herzrasen wachte ich auf und sagte zu Lou: »Oh, mein Gott, mir ist gerade das Schlimmste passiert, was du dir vorstellen kannst!« Lou antwortete mir: »Silly, warte kurz, erzähl es mir gleich. Da war gerade etwas richtig laut unten bei uns. Als wäre jemand eingebrochen.« Also standen wir beide zusammen auf, um nachzusehen, was unten passiert war. Denn einen Abend zuvor war erst bei einem unserer Nachbarn eingebrochen worden. Wir hatten Angst, dass es die Einbrecher diese Nacht vielleicht auch bei uns versuchten, während wir im Schlafzimmer waren. Ich war immer noch komplett verstört von diesem Traum. Der kein Traum gewesen war, wie sich gleich herausstellen sollte!

Wir liefen die Treppe nach unten, und ich konnte nicht glauben, was ich da sah. Vor Schock kippte ich fast um, mein ganzer Körper zitterte, ich bekam Schweißausbrüche, und mein Herz klopfte wieder so heftig, als würde es gleich explodieren. Die Schmetterlinge lagen beide auf dem Boden. Ich hatte sie doch eben gerade in meinem Traum heruntergerissen. Wie konnte das sein? Lou guckte mich fragend an: »Wie konnten die runterfallen? Die waren an die Wand genagelt.«

Bei all den unglaublichen Vorfällen, die gerade in unserem Haus vorgehen, sind wir uns mittlerweile sicher: Wir müssen unser neues Ouija-Board so schnell wie möglich loswerden – und können nur hoffen, dass der Spuk dann endlich ein Ende hat …

Quiz: Wie gut kennst du Lisha & Lou?

1. Wo sind die beiden geboren?

a. Frankfurt
b. Berlin
c. Köln

2. Wie nennt Lisha ihren Lou am liebsten?

a. Schatz
b. Kater
c. Silly

3. Wann haben die beiden standesamtlich geheiratet?

a. 2017
b. 2015
c. 2018

4. Wo hat Lou seiner Lisha den Antrag gemacht?

a. im Einkaufszentrum
b. am Strand
c. zu Hause

5. Wie heißen ihre beiden »Babys«?
   a. Lady und King
   b. Rolex und Lennox
   c. Porsche und Chayenne

6. Wann haben die beiden ihren YouTube-Kanal gestartet?
   a. 2016
   b. 2012
   c. 2014

7. Wie viel verdienten sie mit ihrem ersten YouTube-Video?
   a. gar nichts
   b. 47 Cent
   c. 99 Cent

8. Welche Tiere mag Lisha neben ihren Hunden besonders gern?
   a. Katzen
   b. Pferde
   c. Schlangen

9. Wo leben die beiden heute?
a. Fuerteventura
b. Berlin
c. Mallorca

10. Wie hieß eines von Lishas Pferden?
a. Phantom
b. Ghost
c. Onkel

11. Wo haben die beiden ihr Ouija-Board gekauft?
a. im Internet
b. in einem Laden in Kreuzberg
c. auf Mallorca

12. Was mochte Lou als Kind besonders gern?
a. Pac-Man
b. Superman
c. Batman

13. Wie heißt der Lieblingsräucherstäbchenduft der beiden?
a. Kalifornischer Salbei
b. Myrrhenbaum
c. Duft der Götter

14. Was ist einer ihrer Lieblingshorrorfilme?

a. *The Conjuring*

b. *Es*

c. *Psycho*

Die Auflösung des Fan-Quiz findet ihr hinten im Buch.

Paranormale Erfahrungen von Fans, Familie und Freunden

Jasmin Ruder

Wer bist du?

Schon seitdem ich denken kann, wohnen meine Familie und ich in unserem Haus. Hier haben aber bisher nicht nur wir gelebt. Das Haus, von dem ich spreche, steht schon seit über hundert Jahren am selben Ort, in einem ruhigen Dorf außerhalb der Stadt. Dadurch, dass unser Haus Baujahr 1898 ist, hat es schon zwei Kriege miterlebt und überstanden – darunter auch eine Brandbombe, die in unserem Dachboden ihr Unheil getrieben hat.

Allein beim Lesen dieser Informationen könnte man sich schon denken: In einem über hundert Jahre alten Haus sind sicher auch schon Menschen gestorben. Und ja, richtig. Um ehrlich zu sein, habe ich mich nie getraut, meinen Großeltern, die 83 und 81 Jahre alt sind und im Erdgeschoss wohnen, die Frage zu stellen: »Wer ist denn in unserem Haus gestorben? Wie viele waren es?« Ich weiß nicht, warum. Aber vielleicht ja, weil sie sonst fragen würden, wieso ich das wissen will. Denn es gibt einen Grund, warum ich es wissen möchte ...

Ich hatte nämlich auch ein paranormales Erlebnis:

Unser Haus hat insgesamt drei Etagen. Im Erdgeschoss wohnen meine Großeltern, die beiden Etagen darüber gehören meinen Eltern und mir. Mein damaliges Kinderzimmer war in der ersten Etage, das Schlafzimmer meiner Eltern daneben. Mein neues Zimmer befindet sich nun in der zweiten Etage. So viel fürs Verständnis.

Alles fing vor zwei bis drei Jahren an. Teenager sind ja bekannt dafür, ab und zu mal länger wach zu bleiben, und ich war schon als junges Mädchen bis mindestens Mitternacht wach, an Wochenenden sogar manchmal bis vier Uhr. Jeden Abend, so zwischen zweiundzwanzig und ein Uhr nachts, fing es an. Schritte. Oder, um genauer zu sein, ein leichtes Beben, das manchmal so stark war, dass man dachte, das ganze Haus wackele. Ich war noch jung und dachte mir nie wirklich etwas dabei, dass an meiner Decke immer Geräusche, die Schritten ähnelten, zu hören waren. Gut, manchmal hatte ich schon den belustigenden Hintergedanken, dass es in unserem Haus spukt, aber ich nahm das nie ernst. Bis zu jenem Abend, jener Nacht – vor einem halben Jahr. Die veränderte alles. Ich wohnte schon in der zweiten Etage in meinem neuen Zimmer. Alles war prima, die Geräusche waren wie verschwunden. Ich schlief über das Wochenende bei meinem Freund, und meine Mutter war allein zu Hause, da mein Vater übers Wochenende arbeiten musste. Nach den beiden Tagen kam ich am späten Abend daheim an. Da lief meine Mutter verängstigt, mit purer Angst in den Augen, auf mich zu. Sie war nie ein Mensch, der mich schnell begrüßte, wenn ich nach Hause kam. Jedenfalls kam sie an diesem Abend schnell auf mich zu und fragte mich, ob ich nachts auch Geräusche an der Decke hören würde. Ich meinte zu ihr: »Ja, das tue ich, schon richtig lange.« Ich war ziemlich verwundert. Ab da wurde mir auch erst richtig bewusst, wie lange ich schon diese Geräusche hörte, dass ich sie schon gar nicht mehr wahrnahm. Daraufhin meinte meine Mutter, dass sie die letzten zwei Nächte dermaßen laute Klopfgeräusche an der Decke sowie an den Wänden gehört hatte, dass sie nicht schlafen konnte. Ich lächelte in dem Moment und fragte, was das wohl gewesen sei. Gleichzeitig war ich auch irgendwie beruhigt, dass ich nicht allein damit war. Sie meinte, dass das vielleicht ein Marder oder Ähnliches war. Aber jetzt im Ernst: ein Marder zwischen Wänden und Decke? Meine Mutter hielt sich selbst für bekloppt, aber sie meinte, dass ich mir das anhören müsse. Nur eine Nacht später schon rief meine Mutter nach mir und sagte, ich solle in ihr Schlafzimmer kommen, weil der Marder wieder da sei.

Die Geräusche, die ich dann hörte, waren mehr als beängstigend. Es war ein lautes, ein dreckiges Kratzen, das einmal an der Wand, einmal an der Decke war und sich dann rundum bewegte. Dann war es wieder ein stumpfes Klopfen. Wir gingen in mein Zimmer, weil das genau über ihrem Schlafzimmer liegt, und wollten nachschauen, ob man von dort aus etwas hörte und ausmachen konnte, von wo die Geräusche kamen. Vergeblich. So gingen wir wieder in ihr Schlafzimmer. Wir warteten und warteten, aber es waren keine Geräusche mehr zu hören. So lief das die nächsten Nächte ab. Wir schauten um unser Haus herum, ob irgendwo Löcher waren, durch welche Tiere in unser Haus gelangen könnten, aber es war alles dicht. Wir erzählten das meinem Opa. Daraufhin sah er in jedem Dachboden nach, am Dach und in jedem anderen Raum, zu dem Zugang von außen war, aber vergeblich. Es war nichts zu finden.

Vor einigen Wochen spürte ich um zwei Uhr nachts ein starkes Beben. Es fühlte sich an, als wenn jemand in meinem Zimmer herumstampfen würde. Seitdem habe ich nichts mehr gehört. Auch meine Mutter nicht mehr. Bis heute wissen wir nicht, was oder wer diese Geräusche verursacht hat. Oder was oder wer uns da besucht hat ...

Sabine

Vor zehn Jahren habe ich meine über alles geliebte Mutter verloren.

Zu dieser Zeit schmiedete ich gerade meine Hochzeitspläne mit ihrer Hilfe. Sie war es, die ein paar tolle Ideen hatte, was die Location betraf. Dann fiel sie aus heiterem Himmel ins Koma, und eine Woche später verstarb sie. Das war ein schreckliches Erlebnis. Ich verlor jeglichen Mut und jegliche Hoffnung darauf, nun noch eine schöne Hochzeit haben zu können. Ich hatte zu dieser Zeit keinen Antrieb mehr, die Hochzeit weiter zu planen.

Mein zukünftiger Mann meinte, dass wir auch ganz allein und ohne große Feier heiraten könnten. Das empfand ich irgendwie als »Verrat« an meiner Mutter. Die Nacht nach diesem Gespräch mit ihm war dann der Grund, doch an der Hochzeit festzuhalten.

Denn: Gegen zwei Uhr morgens ging mein Küchenradio an – und spielte ausgerechnet mein Lieblingslied. Ich sprang aus dem Bett und lief in die Küche. Dort roch es im gesamten Raum nach dem Parfum meiner Mutter. Ich hatte es immer sehr gern an ihr gemocht. Der eine Küchenstuhl stand ein wenig abgerückt vom Tisch. Mir war in dem Moment klar, dass sie da war, um mit mir zu reden und um mir Mut zu machen, das Fest auch ohne sie zu planen. Dieses »Okay« von ihr gab mir die Kraft, letztendlich doch eine wunderschöne Hochzeit zu organisieren. Meine Mutter war es, die mich mit ihrer Anwesenheit wieder an mich selbst glauben ließ.

Jessica Kolman

Ich war damals 16 Jahre alt und hatte das Gefühl, dass ein Geist Gefallen an mir gefunden hatte. Ich war nie der Mensch, der den spirituellen Weg gegangen ist. Ich habe nie im Leben Geister beschworen – oder versucht, mit ihnen Kontakt aufzunehmen. Nicht weil ich daran nicht geglaubt habe. Nein! Es war mir immer sehr unangenehm. Ich wusste, dass uns diese Wesen, diese Geister, die ich Dämonen nenne, immer auf Schritt und Tritt beobachten. Als würden diese Dämonen nur darauf warten, dass wir ihnen die Tür öffnen. Und meine Tür, sie war leider offen. Wie es dazu kam, weiß ich bis heute nicht.

Ich erinnere mich an diesen Tag, als wäre es gestern gewesen. Wie kann man so einen Tag auch vergessen! Meine Eltern und meine Geschwister sind in den Sommerferien nach Polen gefahren. Ich mit meinen 16 Jahren wollte daheimbleiben und die Zeit mit meinen Freunden genießen. Ich war in der Zeit auch vergeben. Ihr könnt euch natürlich denken, dass ich die Nächte mit meinem Freund allein verbringen wollte. Die Nächte aber habe ich leider nicht mit meinem Freund verbracht. Auch nicht mit meinen Freundinnen. Ich war allein. Das dachte ich zumindest.

Ich konnte nicht schlafen, denn ich hatte einen dermaßen trockenen Hals, dass ich die Treppen hinuntergelaufen bin und in die Küche wollte, um mir etwas zu trinken zu holen. Auf dem Weg, eine Wasserflasche zu holen, hatte ich das Gefühl, im Flur eine Person stehen zu sehen. Ich spürte, wie mein Blut kochte. Ich lief aber einfach ganz normal weiter in die Küche. Versuchte, mir mit aller Kraft nichts anmerken zu lassen. Nahm aus der Schublade ein Messer und wartete. Ich wartete. Wartete. Nichts. Stille. Ich ging in den Flur und sah niemanden. Reine Einbildung gewesen. Machte die Schränke auf, öffnete die Tür vom Gästeklo sowie die zur Abstellkammer. Niemand da. Trotz der Durchsuchung fühlte ich mich unwohl. Vor Aufregung konnte ich natürlich nicht mehr schlafen. Also ging ich ins Wohnzimmer und schaltete den Fernseher an. Es lief eine Dokumentation über Exorzismus. Der Fernseher war so laut, und dennoch konnte ich den Mann, der sprach, nicht verstehen. Für mich sah es so aus, als ob gerade eben ein Ritual stattfinde und ein Geist ausgetrieben würde. Vor lauter Schreck schaltete ich den Fernseher schnell wieder aus. Ich fragte mich, wieso der Fernseher so dermaßen laut gewesen war. Und warum gerade ausgerechnet dieser Kanal? Und dieses Ritual? Ich ging mit meiner Wasserflasche nach oben und blieb stehen. Ich wollte das Messer. Dann war es für mich klar und deutlich: Hier war niemand. Niemand, der menschlich ist.

Hier war aber jemand. Jemand, der mich kennt. Jemand, der mich beobachtet. Jemand, der mich gerade eben, hier und jetzt, beobachtete. Ich wusste, dass ich etwas Falsches gemacht hatte. Ich hatte unbewusst die Tür geöffnet. Aber wo? Und wann? Das weiß ich bis heute nicht. Ich lief nach oben. Ohne das Messer, um mir bloß nichts anmerken zu lassen, und legte mich ins Bett. Ich versuchte einfach einzuschlafen. Doch dann passierte es. Ich öffnete vor Nervosität ab und zu die Augen. Gegenüber von meinem Bett stand mein Wandregal – mit verspiegelten Türen. Beim Öffnen meiner Augen sah ich eine Gestalt neben mir stehen. Ein Er. Ich schloss sie schnell wieder. Und sie blieben verschlossen. »Bloß nichts anmerken lassen«, sagte ich mir innerlich immer wieder. Doch ich wusste, dass er mich kennt. Er beobachtete mich immer, und ich hatte ihm die Tür geöffnet. Plötzlich war es still. Nicht einfach still. Es fühlte sich an, als wäre ich plötzlich taub. Ich hörte nichts mehr! Ich hörte meinen Atem nicht, mein Herzklopfen, das Knacken von Möbeln oder Geräten nicht, einfach nichts!

Ich verspürte große Panik und wusste, dass ich dies nicht mehr länger verbergen konnte. Aber bevor ich meiner Panik freien Lauf ließ, hörte ich etwas. Etwas so Merkwürdiges, dass man es nicht beschreiben kann. Es hat niemand zu mir gesprochen. Ich hörte auch keine Schritte. Nein. Ich hatte das Gefühl, als würde man mich aufsaugen wollen. Dabei dieser völlig komische Klang. Der Klang, ähnlich wie das Piepen nach einer Explosion. Dieses Piepen vermischte sich mit etwas, das ich bis heute nicht erklären oder vergleichen kann. Weit weg ... und du löst dich auf. Als ob jemand dich gerade wegzieht, als ob dich jemand aufsaugt, oder sogar verschlingen will. In diesem Moment riss ich meine Augen weit auf und wollte einfach nur noch weg! Ich wollte fliehen! Doch etwas hielt mich so fest. Ich konnte mich nicht bewegen. Ich spürte eine schwere Last auf mir. Ich hatte so viel Angst und betete. Betete und rief nach Gott. Ich bat um Hilfe. Plötzlich war ich frei. Ich stand auf, blickte auf jedes Detail meines Zimmers. Schaltete das Licht an und griff nach meinem Handy. Ich rief meinen Freund an, er ging nicht ran. Ich hatte Angst. Angst, wieder nach unten zu laufen. Er war und ist überall. Vor Angst und Panik kroch ich zurück in mein Bett. Dort lag ich zugedeckt, voller Angst. Und plötzlich passierte es wieder. Der komische Klang. Ich hatte keine Macht, dagegen anzukämpfen. Ich betete wieder und war frei. Doch plötzlich änderte sich etwas. Als hätte jemand mir die Angst genommen. Als spürte ich eine schützende Hand auf meiner Schulter. Wie kann man wieder normal sein, obwohl man vor Kurzem eine so gewaltige Angst hatte? Ich legte mich hin und schlief einfach ohne Gedanken, ohne Gefühl, ohne alles ein. Am nächsten Morgen schlug ich meine Augen auf und überlegte krampfhaft, was geschehen war. Ich nahm die Zeitung von Sky und überprüfte, was für eine Sendung ich da gesehen hatte. Ich recherchierte so lang. Und fand nichts. Ich schaltete meinen Laptop an, suchte und suchte – und fand nichts.

Bis heute weiß ich nicht, was ich im Fernsehen gesehen habe. Bis heute frage ich mich, was dieses Wesen mir damit sagen oder zeigen wollte!

Bis heute weiß ich nicht, was dieses Wesen, dieser Dämon, von mir wollte. Aber eins weiß ich genau: dass ich nicht allein bin. Jemand anderes ist bei mir.

Warum ich das weiß? Weil er mich immer noch beobachtet und ich ihn sehe. Nicht immer, aber oft genug. Er hat mich bis heute nicht verschlingen wollen oder ... können.

Meli

Seit meiner Kindheit wohnten wir im selben Haus in einer Familiensiedlung. Immer wieder kam es in diesem Haus zu komischen Vorfällen: Stufen knirschten, und Türen gingen von allein zu. Dazu kam das Gefühl, beobachtet zu werden, das sich in meiner Teenagerzeit häufte.

Mit der Zeit wurde das alles aber Routine. Selbst wenn meine Mutter und ich oft beim Fernsehen einen Windhauch im Gesicht spürten, als hätte uns jemand ins Gesicht gepustet. Mein Vater glaubte nicht an Geister oder Ähnliches und dachte, wir bildeten uns das alles nur ein – bis zu einem Abend …

Meine Mutter, mein Vater, meine kleine Nichte, die damals noch ein Baby war, und ich waren im Wohnzimmer und schauten einen Film. Auf einmal hörten wir im Zimmer über uns Schritte, die rannten. Die Tür vom Kinderzimmer knallte zu, ging wieder auf, knallte wieder zu, ging wieder auf … Das Ganze dreimal. Ich schaute meinen Vater an und sagte: »Soooo, das soll also auch – wie sonst – der Wind gewesen sein? Der Wind kann ja die Tür wieder öffnen.«

Ich ging nach oben, mein Vater lief mir hinterher. Die Zimmertür stand offen, die Fenster waren geschlossen. Er musste zugeben, dass das wirklich komisch sei.

Am nächsten Tag ging ich zu einem Kollegen nach Hause und erzählte ihm von dem Geschehen der Nacht. Er war ein bisschen schockiert und meinte, seine Großmutter könne mir helfen. Sie sei eine Art Medium. Genau in dem Moment, als er sagte, sie könne mir helfen, krachte sein Bett einfach an einer Ecke zusammen! Niemand von uns war auf dem Bett, wir saßen auf dem Boden.

Ich ging zu seiner Großmutter, eine süße kleine Frau, die kein Geld von mir wollte. Sie bat mich, ihr zu erzählen, was geschehen war.

Ich musste mich auf einen Stuhl setzen, mit dem Gesicht zur Wand, und sie begann mit ihrem Ritual. Ich hörte, wie sie komische Geräusche machte, und musste erst mal richtig lachen. Ich konnte es nicht ganz ernst nehmen und dachte mir: »Okay, *Ghostbusters.*«

Aber dann bekam ich ein beklemmendes Gefühl in meiner Brust, und mir liefen einfach so die Tränen herunter. Ich konnte mich kaum bewegen.

Sie erklärte mir, sie sei nun in unserem Haus und laufe die Treppen nach oben. Sie wusste genau, welches Zimmer von der Treppe aus meines und welches das Kinderzimmer für meine Nichte ist. Sie wusste, wo die Toilette ist. Sie kannte einfach unser ganzes Haus! Sie sagte: »Oh, schön siehst du aus auf diesem Foto, in dem weißen Kleid!« Das hing im Flur die Treppe hoch. Dann fing sie an, mit einem Mann zu reden. Er hatte vorher in dem Haus gewohnt und war im Kinderzimmer gestorben. Sie sagte ihm, es sei Zeit für ihn. Er müsse nun gehen. Er wollte nicht und meinte, die Kinder müssten endlich ruhig sein, und niemand solle ihn hassen. Sie antwortete ihm, dass ihn niemand hasse, seine Lieben aber schon an einem anderen Ort seien. Er müsse loslassen und zu ihnen gehen. Er habe hier nichts mehr zu suchen.

Ich fühlte mich mit einem Mal erleichtert und konnte wieder atmen. Sie sagte mir, er sei nun weg, ich müsse mir keine Sorgen mehr machen. Dann meinte sie: »Es ist da aber noch jemand bei dir.« Ich war ganz erstaunt. Ein südländischer Junge sei noch hier, erklärte sie weiter. Er wolle nicht gehen, weil er mich beschützen müsse und wir doch verabredet gewesen seien.

Ich wusste genau, wen sie meinte! Drei Jahre zuvor war ein Kollege von mir bei einem Unfall gestorben. Am Abend seines Unfalls waren wir verabredet gewesen, um zusammen auf die Geburtstagsfeier meiner Mutter zu gehen.

Die Großmutter meinte, ich müsse mich richtig von ihm verabschieden und ihm sagen, dass alles okay sei, damit auch er endlich gehen und seine Ruhe finden könne. Ich tat, was sie mir sagte, und fühlte den endgültigen Abschied von ihm. Danach war meine Anspannung total gelöst.

Ich ging nach Hause. Dort fragte mich meine Mutter, wo ich gewesen sei. Ich sagte ihr, ich sei bei meinem Kollegen gewesen.

Sie fragte: »Was hast du dort gemacht?« Und auf einmal war dieses bedrückende Gefühl im Haus weg, und wir beide fühlten, wie wir wieder atmen konnten. Ich erzählte meinen Eltern, was bei der Großmutter geschehen war, und sogar mein Vater bedankte sich bei mir.

Meine Eltern erklärten mir, dass der Vorbesitzer des Hauses keine Kinder gemocht hatte und immer gemein zu den Kindern in der Siedlung gewesen sei. Er war allein in dem großen Zimmer gestorben.

Das ist wirklich eine wahre Geschichte aus meinem Leben. Ich habe Gänsehaut, während ich das schreibe. Wenn ich es anderen erzähle, zittert immer mein ganzer Körper.

Wir sind nicht allein! Nicht jeder kann sofort hinübergehen.

Alice Hensel

Es fing an, als ich noch in der siebten Klasse war, also vor Jahren ... Ich stand damals jeden Morgen um circa vier Uhr auf, um mir meine Haare zu locken. Das dauerte rund zwei Stunden, da ich damals sehr lange und dicke Haare hatte. Danach machte ich mich fertig für die Schule. Fragt mich nicht, wie ich das jeden Tag durchziehen konnte! Ich muss erwähnen, dass mir davor nie etwas Komisches oder gar Paranormales passiert ist. Ich glaubte daran überhaupt nicht und dachte gar nicht, dass es so etwas überhaupt geben kann.

Ich stand also wie jeden Tag normal auf und ging wie immer ins Bad, machte die Tür hinter mir zu und fing an, mich zu schminken. Keine zehn Minuten später hörte ich das erste, noch nicht erkennbare Geräusch. Dann wurde es lauter. Ich hörte auf, mich zu schminken, und guckte mir im Spiegel in meine eigenen Augen. Ich hörte nur noch meinen Herzschlag. Und das jetzt klar erkennbare Humpeln. Es wurde mit jedem Schritt lauter. Es kam näher. Ich führte langsam meine Hand an den Mund, um ihn mir zuzuhalten. Dann ging ich leise und langsam zur Tür und schloss sie ab. Ich stellte mich wieder an den Spiegel, guckte mir weiter in die Augen und wartete eigentlich nur noch darauf, es wieder zu hören. Da. Es humpelte wieder. Es war ein Humpeln wie von einem ausgewachsenen Mann, vom Körpergewicht her, und so als würde er ein Bein kurz mit sich schleifen, dann fast hinfallen und laut auf dem anderen Bein gerade noch so aufkommen. Aber es war jetzt schon sehr, sehr nah, als ob es nur noch ein Schritt wäre bis vor die Badezimmertür. In dem Moment wurden meine Pupillen ganz klein.

Ich schreibe es so detailliert, weil ich selbst so verwundert bin, dass der Körper solche Reaktionen zeigt – wie im Horrorfilm!

Ab dem Moment hatte ich so eine große Angst. Das letzte Mal, als es wiederkam, war es so laut! Es war extrem laut, und es war direkt hinter der Tür. Ich war mir sicher, es war etwas Böses. In dem Moment schrie ich, so laut ich konnte: »Mama!« Meine Mutter rannte aus ihrem Zimmer zur Badezimmertür, klopfte und sagte so etwas wie: »Was ist los? Mach auf!« Ich zögerte noch, bis sie mit mir sprach, weil ich immer noch Angst hatte, die Tür zu öffnen. Ich weinte vor Angst und Schock darüber, was da eben passiert war. Als ich es meiner Mutter erzählt hatte, habe ich in ihrem Gesicht gesehen, dass etwas nicht stimmte. So als ob sie wüsste, was los sei …

Nach diesem Vorfall passierten immer wieder komische Dinge: Gegenstände verschoben sich, standen teilweise an ganz anderen Stellen, der Fernseher ging mitten in der Nacht an, mich kitzelte nachts etwas am Bein, wovon ich wach wurde, ich sah Silhouetten usw.

Meine Mutter ist sehr spirituell. Sie sah schon als Kind verstorbene Menschen irgendwo stehen und wird auch in ihren Träumen von ihnen besucht. Verstorbene Bekannte besuchen sie manchmal und erzählen ihr, wie es ihnen geht. Aber auch Unbekannte kommen und zeigen sich beispielsweise im Spiegel, den sie gerade in der Hand hält, wenn sie in ihren Gedanken fragt, wer hier gerade sei.

Kleine schöne Story noch am Rande: Meine Mutter arbeitet in der ambulanten Pflege mit kleinen Kindern. Ein fünfjähriges Pflegekind war leider verstorben – und dieses kam, einen Tag bevor meine Mutter den Anruf erhielt, dass es verstorben sei, in ihren Träumen zu ihr. Aber der Junge sah nicht aus wie immer, sondern war gesund und verabschiedete sich von ihr als kleiner Engel mit einem Lächeln im Gesicht. So wusste meine Mutter schon, als sie aufstand, dass er wohl nicht mehr lebte. Das machte sie sehr traurig, gleichzeitig war es auch sehr schön, ihn so noch einmal gesehen zu haben.

Ungefähr zwei Jahre später erzählte mir meine Mutter, dass es ihre Schuld sei, dass etwas in unser Haus gekommen sei. Sie erzählte mir, dass sie jemanden verflucht hätte, jemanden, der bei ihr viel Geld geliehen und es nicht mehr zurückgegeben habe. Ich glaube, dahinter steckte bestimmt auch noch mehr. Jedenfalls erzählte sie mir, dass sie dafür mit einer Voodoo-Puppe hantiert habe und dass kurz darauf das alles geschehen sei. Sie habe darauf das ganze Haus regelmäßig mit Weihwasser, Kirchenkerzen und Gebeten »gesäubert« und bereue, was sie getan habe. Danach hat sie das auch nie wieder gemacht. Glaubt mir: Meine Mutter ist eigentlich ein sehr, sehr netter Mensch. Es war einfach ihre Verzweiflung in dem Moment. Ihr war wohl auch nicht bewusst, wie falsch so etwas eigentlich ist.

Also hier ist auch noch mal die Bestätigung: Wünscht niemandem Böses, verflucht niemanden oder etwas dergleichen! Es kommt zurück und bringt einem selbst nur Böses!

Nina Tödtmann

Mein Freund, und Papa meines Sohnes, hat sich nach sechs Jahren von mir getrennt. Ich war am Ende meiner Kräfte, konnte und wollte es in diesem Moment nicht verstehen. Ich spürte so cinen Schmcrz wic lange in meinem Leben nicht. Ich habe Monate um ihn und uns als Familie gekämpft. Zwei Wochen nach der Trennung sagte er mir am Telefon, er habe eine neue Freundin. Ich spürte innerlich solche Schmerzen und konnte, anstatt zu heulen, nur noch schreien. Es tat so unfassbar weh. Mir ging es so schlecht. Ich wollte und konnte in dieser Zeit nicht mal mehr aufstehen. Jeder, der so etwas durchhat, kennt diesen Schmerz sicherlich. Vor allem wenn man so lang ein Team war.

Es war abends gegen zweiundzwanzig Uhr, unser Sohn war zu dem Zeitpunkt bei ihm. Uns trennen 330 Kilometer. Ich saß auf dem Sofa und verstand die Welt nicht mehr. Ich weinte und wollte einfach, dass es aufhört, so wehzutun. Ich wusste nicht, wie ich die Nacht überstehen soll. Von meinem Sofa aus guckt man in meinen Flur, wo ein Spiegel an der Wand befestigt ist. Dort sah ich plötzlich eine weiße Gestalt. Ich konnte meinen Blick nicht von ihr wenden. Gleichzeitig hatte ich meine beste Freundin am Telefon und erzählte ihr davon. Nach ein paar Minuten ging diese Gestalt in mein Schlafzimmer. Ich hatte Gänsehaut am ganzen Körper. Dazu muss man sagen, dass ich sehr christlich aufgewachsen und immer noch sehr gläubig bin. Ich sprach mit meiner Freundin am Telefon darüber, dass ich großen Respekt hätte und nicht wisse, ob ich in dieser Nacht im Schlafzimmer schlafen könne. Nach einer halben Stunde, während ich die ganze Zeit nur noch daran denken konnte, ging ich dann doch dort schlafen.

Ich habe mich so wohl wie noch nie gefühlt und so gut geschlafen wie noch nie. Natürlich hatte ich trotzdem noch großen Respekt und etwas Angst. Ich war so überrascht, wie mein innerer Schmerz auf einmal wie weggeblasen sein konnte. Am nächsten Morgen ging es mir erstaunlicherweise schon besser, nicht mal mehr weinen musste ich. Als ich meiner Mama davon erzählt habe, weil es mich so faszinierte und beschäftigte, meinte diese: »Nina, es war dein Schutzengel, der in dieser Nacht auf dich aufgepasst hat!« Mir kamen sofort die Tränen. Danach ist dies noch einmal vorgekommen. Diesmal hatte ich keine Angst, sondern war einfach nur glücklich.

Manuela G.

Mein Erlebnis spielt sich in Kroatien ab.

Die Vorgeschichte:

Meine Mutter hat mir schon immer erzählt, dass das Haus meiner Großeltern – also ihrer Schwiegereltern – verflucht sei. Mein Opa und mein Onkel haben sehr viele Menschen beim Kartenspiel betrogen. Sehr viele Leute haben sehr viel Geld und Vieh, wie etwa Kühe oder Schafe, verspielt und verloren. Natürlich haben dann die Frauen das Haus verflucht. Geschichten zufolge hat sich eine dieser Frauen mit schwarzer Magie befasst ...

Jetzt zu meinem Erlebnis:

Es gab schon Jahre zuvor Anzeichen, dass sich ein Geist oder mehrere Geister im Haus befanden. Türen gingen grundlos auf. Die Haustür, die man Minuten vorher abgeschlossen hatte, war auf einmal weit offen. Plötzlich lief das Wasser im Badezimmer. Nur Zufälle?

Nach meinem Schulabschluss im Jahr 2002 war ich einen ganzen Sommer bei meiner Oma in Kroatien. Ich befand mich allein mit meiner Oma im Haus. Ich schlief im Schlafzimmer meiner Eltern. Wir hatten Holzrollos – die draußen am Fensterrahmen montiert waren.

Nachts hörte ich ein Geräusch, als würde jemand mit dem Finger an den Holzrollos hinauf- und wieder herunterfahren – klack, klack, klack. Minutenlang. In den ersten Nächten dachte ich, es wäre nur Einbildung. Oder das Holz hätte sich durch die große Hitze tagsüber aufgewärmt und würde sich durch die etwas kühleren Nächte abkühlen und dadurch die Geräusche verursachen. Ich war 17 Jahre alt, wohlgemerkt.

Nach der fünften Nacht erzählte ich meinem Cousin von den Geräuschen in der Nacht und von meiner Vermutung. Er lachte und sagte: »Du glaubst ja nicht wirklich an Geister, oder?!« Na ja, aber wo kamen dann die Geräusche her? Ich konnte dann nur noch mit Kopfhörern einschlafen.

Eines Nachts vergaß ich die Kopfhörer und hörte es schon wieder. Zuerst erstarrte ich. Dann nahm ich all meinen Mut zusammen und öffnete die Rollos mit einem Zug. Da war niemand. Ich machte mir vor Angst fast in die Hosen. Am nächsten Tag erzählte ich meiner Oma, was mir schon seit Tagen auf dem Herzen lag. Sie schaute mich nur an und meinte: »Das hast du dir nur eingebildet. Es gibt keine Geister in unserem Haus! Glaube nicht alles, was die Leute erzählen!«

Aber die nächste Nacht war die schlimmste in meinem Leben, und sie änderte alles. Es war Vollmond. So einen hellen Mond habe ich noch nie in meinem Leben gesehen. Als hätte jemand Scheinwerfer platziert. Alles im Hof, in der Einfahrt, war genau zu sehen, so hell war es. Ich befand mich im Wohnzimmer – die Holzrollos waren unten. Wie spät es war, kann ich nicht sagen. Da waren sie wieder zu hören, die Geräusche, diesmal am Wohnzimmerfenster. Klack, klack, klack. Rauf und runter. Wieder nahm ich meinen ganzen Mut zusammen und zog die Rollos hinauf. Wieder niemand zu sehen. Ich öffnete dann anschließend das Fenster, um zu sehen, ob sich jemand im Hof befand. Niemand. Nur Totenstille. Als ich dann aber nach rechts schaute, sah ich eine menschliche Gestalt von der Hauswand weggehen und mir zuwinken. Aber da war kein Mensch, nur der Umriss und Schatten einer Person. Ich schrie und schrie. Niemand hörte mich. Nicht einmal meine Oma, die im selben Haus nur ein paar Meter von mir entfernt in ihrem Schlafzimmer schlief. Ich zwickte mich, autsch, ich war wach. Ich träumte nicht.

Von Schlafen war keine Rede mehr. Am nächsten Morgen ging ich zu meiner Tante hinüber. Ich erzählte ihr vom hellen Mond und von meinem Erlebnis. Sie glaubte mir nicht und sagte, es wäre nur Einbildung gewesen. Ich hätte alles nur geträumt. Aber: Ich habe nicht geträumt. Ich schaute auf meinen Arm, der blaue Fleck vom Zwicken war da. Ich begann, mich mit meiner Tante zu streiten, und ging wütend weg, weil sie mir nicht glaubte.

Eine Nachbarin bekam unseren Streit mit. Aus dem Küchenfenster konnte sie auf den Hof blicken und rief mir zu: »Nachbarin, komm auf einen Kaffee.« Ich erzählte dann auch ihr von meinen Erlebnissen der letzten Nächte und besonders von der Begegnung der letzten Nacht. Sie war die erste Person, die mir glaubte. Sie hatte auch meine Schreie gehört, aber nicht gewusst, woher diese kamen. Sie erzählte mir dann auch, was mir meine Mutter bereits erzählt hatte, und dass entweder der Geist von meinem Onkel oder von meinem Opa nicht zur Ruhe kommen könne.

In den darauffolgenden Nächten waren keine Geräusche mehr zu hören.

Zum Schluss möchte ich erwähnen, dass an den Tagen der Beerdigung sowohl meines Onkels als auch meines Opas abends das Glas der Deckenleuchte in Hunderte Glassplitter zersprungen war. Grundlos. Die Halterung war intakt gewesen, kein Defekt erkennbar. Wir dachten immer, dass dies ein Zufall war.

Ja, natürlich, Zufall, genau dann, wenn jemand aus diesem Haus stirbt, passiert es zufällig und immer im gleichen Raum. Das Gleiche ist auch passiert, als meine Oma starb. Glaubt ihr da noch an Zufälle? Ich nicht …

Ich könnte ein Buch schreiben, was so alles in diesem Haus passiert ist …

Christine Busch

Meine Tochter, damals fünf Jahre alt, unterhielt sich bei jedem Besuch bei meinen Eltern immer lebhaft an der Garderobe und lachte. Sie hatte jedoch keinerlei Spielsachen oder Puppen dabei, sie saß einfach vor der Garderobe und amüsierte sich.

Auch beim zweiten und dritten Besuch bei meinen Eltern spielte sich immer das Gleiche ab: Meine Tochter stand lachend und redend vor der Garderobe. Da fragte ich sie, mit wem sie denn so viel Spaß habe. Darauf antwortete sie mir: »Na, mit der lieben Frau da!« Ich sah niemanden, fühlte nur einen leichten Windhauch an meinem Gesicht. Meine Mama und ich waren gerade dabei, Fotos zu rahmen, unter anderem auch Fotos von meiner Oma, die schon Jahre vor der Geburt meiner Tochter verstorben war, als meine Tochter das Bild von ihr sah und ganz erstaunt rief: »Mama, da ist die liebe Frau ja, die immer so viel Spaß mit mir macht! Und die sagt auch immer, ich soll Papa nichts sagen, weil er dann Angst hat.«

Mein Papa wurde ganz weiß um die Nase und sagte, dass auch er immer einen Windhauch im Gesicht spüre, wenn er durch den Flur geht. Er war der Liebling seiner Mama gewesen. Das Ganze ging so lange, bis meine Tochter circa zehn Jahre alt war – und fing mit der Geburt meines Enkels 13 Jahre später wieder an und setzt sich heute weiter fort mit meiner jüngeren Enkelin. Diese spricht nun mit meiner Mama, die sie nie kennengelernt hat, da meine Mama vor neun Jahren plötzlich verstarb.

Auch ich rieche und spüre die Gegenwart meiner Mama, immer wenn ich zu meinem Papa fahre – bis heute. Es macht mir auch keine Angst, ich fühle mich dann zu Hause. Obwohl ich immer ein Papakind war, fühle ich eine gewisse Leere in mir, wenn ich da bin und sie rieche oder fühle. Und meine Enkelin hat Spaß mit ihrer Uroma.

Anna Beyene

Ich habe einige Storys, die mir und meinen Mitmenschen passiert sind. Aber die folgende ist eine, die mir einfach nicht mehr aus dem Kopf geht:

Ich war damals ein Jahr mit meinem Freund zusammen. Er hatte eine eigene Wohnung, und ich übernachtete an diesem Abend bei ihm. Dazu muss ich vorab sagen, dass meine beste Freundin paranormale Sachen extrem anzieht und auch mein Freund diesen nicht fremd ist, leider. Jedenfalls schliefen wir irgendwann ein. Tief in der Nacht wachte ich aber kurz auf und lag mit dem Rücken zu ihm gedreht im Bett. Leute, ich kann euch nicht beschreiben, was hinter mir gelegen haben könnte, aber ich weiß noch, wie ich mich gerade umdrehen wollte und spürte, dass hinter mir sicher alles Mögliche lag – nur nicht mein Freund. Ich spürte es einfach an der Energie, weil ich wie aus dem Nichts unbeschreibliche Angst bekam und mich nicht traute, mich umzudrehen. Mein Freund schnarcht zwar ab und zu, aber diese Geräusche, die ich hinter meinem Rücken hörte, konnten sicherlich nicht von ihm sein. Das konnte kein Schnarchen sein! Ich wusste einfach: »Anna, dreh dich jetzt bloß nicht um. Das ist nicht Karim. Du willst nicht sehen, was da jetzt liegt.« Nach einigen Minuten ging das Ganze vorbei, und ich schlief sofort ein, so heftig müde war ich.

Bis zum Aufwachen am nächsten Tag drehte ich mich nicht einmal mehr zu meinem Freund hin. Und jetzt kommt die Krönung. Ich traf am nächsten Tag meine beste Freundin und meinte direkt zu ihr: »Anja, ich muss dir etwas Heftiges erzählen! Etwas, das mir letzte Nacht passiert ist.« Da mir so was noch nie passiert war und ihr schon öfters, wollte ich mit ihr darüber reden. Und dann das! Sie sagte sofort: »Ja, ja, kannst du gleich, aber, Anna, ich muss DIR erst mal erzählen, was ich diese Nacht geträumt und erlebt habe.« Sie fing an zu erzählen, und ich konnte nicht glauben, was sie mir da erzählte: In derselben Nacht war sie von irgendetwas aufgeweckt worden und im Halbschlaf gewesen, als eine leise, ätzend provokative Stimme sozusagen neben ihr lag und ihr die schlimmsten Sachen zuflüsterte, die sich ein Mensch nur denken kann. Natürlich fing sie an zu beten und versuchte, es damit loszuwerden. Das Wesen hörte aber nicht auf, es provozierte sie weiter, immer mehr und mehr. Es machte sich über sie und ihre Gebete lustig, und dann kam ein Satz, bei dem sie nicht weghören konnte. Es sagte ihr: »HAHAHA! Rate mal, wo ich gerade noch bin ... Hahaha! Bei Karim und Anna. Du müsstest ihr

Gesicht sehen, welche Angst Anna hat. Hahaha! Ich sehe sie.« Zwischen den Sätzen immer wieder Lachen, weil es sie und auch mich eben die ganze Zeit dreckig ausgelacht hat.

Und Leute, ich dachte mir: Stopp! Das kann einfach nicht sein! Ich meinte: »Was erzählst du mir gerade? Warte ab, bis ich dir erzähle, was mir passiert ist!« Als wir uns beide ausgetauscht hatten, saßen wir erst mal da und konnten nicht glauben, dass uns diese Nacht dasselbe Böse besucht und ausgelacht hatte.

Diese Geschichte werde ich nie vergessen. Und natürlich haben wir meinem Freund nichts davon erzählt. Männer reagieren da ja nicht so gut drauf, und wir wollten ihm einfach keine Angst machen.

Jenny H.

In meinem Leben gab es auch schon zwei Geschichten, die mich ziemlich verunsichert haben. Ich dachte wirklich, ich wäre verrückt. Aber ich weiß, was ich gesehen habe!

Wenn ich Freunden von meinen Erlebnissen erzählte, schauten sie mich nur entgeistert an. Ich wusste, was sie dachten: Die hat sie doch nicht alle.

Jetzt zu meiner ersten Geschichte. Ich bin fest der Meinung, dass Verstorbene sich bei uns verabschieden. Ich habe es selbst zweimal erlebt. Ich war damals sechs Jahre alt. Meine Omi lag mit vielen verschiedenen Erkrankungen im Krankenhaus. Wir wussten, dass sie dieses leider nicht lebend verlassen wird. Meine Eltern und ich waren nachmittags zu Hause. Damals gab es nur das Haustelefon, und Handys waren noch nicht so verbreitet. Meine Mutter wollte an dem besagten Nachmittag telefonieren. Aber die Leitung unseres Haustelefons war plötzlich tot. Wir kontrollierten den Anschluss, ob alles richtig verbunden war. Doch alles war okay. Wir gingen ein paar Treppen zu den Nachbarn hinunter und fragten dort, ob sie auch Probleme mit dem Telefon hätten. Aber bei ihnen war alles okay. Unser Telefon hingegen gab keinen Ton von sich. Dann stellten wir fest, dass unsere Uhr, die wir von Oma geschenkt bekommen hatten, stillstand. Wir tauschten mehrmals die Batterien, aber sie wollte einfach nicht funktionieren. Dann klingelte es unten an der Tür. Mein Onkel kam die Treppen hinauf und erzählte uns, dass Oma leider gestorben ist. Nach ein paar Minuten wollte mein Onkel wieder gehen. Wir gingen gemeinsam durch den Flur. Auf einmal hörten wir es. Klick-klack, klick-klack! Wir starrten uns nur an. Wie von Geisterhand funktionierte die Uhr wieder. Ohne irgendein Wort nahm meine Mutter den Telefonhörer in die Hand und hielt ihn an ihr Ohr. Sie sah mich entsetzt an. Auch das Telefon hatte wieder ein Freizeichen. Als wenn nichts gewesen wäre. Alle hielten uns für verrückt, aber wir waren uns sicher: Meine Oma wollte uns ein Zeichen geben, sich verabschieden oder uns einfach nur sagen, dass wir sie nicht mehr sehen könnten, aber dass sie immer bei uns sein werde.

Mein zweites Erlebnis schockiert mich heute noch. Aber es bestätigt nur die These: Es gibt sie, die toten Angehörigen, die ein Zeichen von sich geben, um mitzuteilen, dass sie bei uns sind, auch wenn wir sie nicht sehen können.

An meinem zwölften Geburtstag war ich bei meiner besten Freundin. Meine Mutter rief mich an, ich solle nach Hause kommen. Ich rechnete mit allem, aber nicht mit dem, was dann kam:

Mein 18-jähriger Cousin war vom 14. auf den 15. November bei einem schweren Verkehrsunfall verstorben. Ein Schock für alle. Einige Tage später war die Beerdigung. Die ganze Familie traf sich bei seinen Eltern, meiner Tante und meinem Onkel, zu Hause. Wir versammelten uns, um alle später gemeinsam zum Friedhof zu gehen. Aber bevor es dazu kam, wurden wir in Schockstarre versetzt. Wir hielten uns alle im Wohnzimmer auf. Alles war ruhig, bis auf meine Tante, die durchgehend lauthals weinte. Sie saß im Sessel und umklammerte die ganze Zeit das Handy ihres verstorbenen Sohnes. Mein Cousin hatte bei dem Verkehrsunfall sein Handy dabeigehabt. Als die Polizei meine Tante und meinen Onkel über den Tod ihres Sohnes, meines Cousins, informiert hatte, hatte sie ihnen sein zerstörtes Handy übergeben. Das Handy war total zerstört – mit kaputtem Display, und auch der Akku war nicht mehr im Telefon. Nicht mal die Klappe auf der Rückseite war noch vorhanden. Aufbruchstimmung. Einige zogen ihre Jacken schon an. Auf einmal! Der alte Nokia-Klingelton! Alle schauten sich entgeistert an. Meine Tante erschrak und schrie. Das Handy meines Cousins klingelte, und sein zerstörtes Display leuchtete. Meine Tante warf das Telefon durch das Wohnzimmer. Sie verstand die Welt nicht mehr, so wie wir alle. Circa zehn Sekunden klingelte es. Mein Onkel nahm das Telefon vom Boden. Wie konnte es funktionieren? Kein Akku, Display zerstört. Aber es klingelte. Dann war es plötzlich wieder ruhig. Uns allen war anzusehen, dass wir unter Schock standen. Wir beruhigten meine Tante. Jeder im Raum dachte das Gleiche, aber keiner sprach es aus: Mein Cousin wollte sich von uns verabschieden. Einige von uns gingen dann schon die Treppen hinunter. Meine Mutter und ich warteten im Wohnzimmer auf meine Tante. Dann dieser laute Knall. Meine Tante hatte seit über 15 Jahren ein Bild von meinem Cousin als Baby an der Wand hängen. In einem riesigen Bilderrahmen. Dieser fiel einfach von der Wand. Er hing dort seit über 15 Jahren! Warum fiel er genau jetzt herunter? Ohne fremde Einwirkung. Meinte Tante war und ist sich sicher, so wie wir auch: Auch das war ein Zeichen ihres Sohnes. Wer es nicht selbst erlebt hat, wird es nicht glauben. Aber Verstorbene verabschieden sich bei ihren Lieben.

Und hier kommt noch eine ganz besondere Geschichte …

Jutta Oflas, Lishas Mama:

Ich habe ja schon immer an ein Leben danach geglaubt und daran, dass Seelen nicht zur Ruhe kommen, wenn ihnen noch etwas auf der »Seele« liegt oder sie noch etwas erledigen müssen. Wie du weißt, Lisha, konnte Babaanne (Türkisch für »Oma«) mich nie leiden, und das, was ich dir jetzt erzähle, habe ich selbst deinem Vater nie gesagt:

Ich war mit deinem Vater das letzte Mal bei ihr im Krankenhaus, und sie lag schon nur noch so da, nur die Hülle von ihr. Dein Papa ging dann mal kurz nach draußen zur Schwester, um etwas zu fragen. Da setzte ich mich ganz nah an ihren Kopf und sagte: »Anne (Türkisch für »Mama«), warum lässt du nicht los? Merkst du nicht, wie sehr deine Kinder leiden? Die werden so nie zur Ruhe kommen!« Zwei Tage später ist sie gestorben.

Es war ja kurz vor Weihnachten, und ich stand auf der Leiter, um die Weihnachtsdekoration zu machen. Da bemerkte ich plötzlich einen Windzug im Nacken und Kälte um mich herum. Ich hatte das Gefühl, dass Anne da war, um mich von der Leiter zu schubsen. Schon Tage vorher habe ich sie in dem Türfenster vom Schlafzimmer gesehen! Ab dem Moment fühlte ich mich nicht mehr wohl. Ich fühlte mich immer beobachtet – bis zur Beerdigung.

Als diese stattfand, standen wir draußen an ihrem Sarg und warteten darauf, zum Grab zu gehen. Ich hielt mich etwas abseits auf. Plötzlich hatte ich das Gefühl, keine Luft mehr zu bekommen. Also ging ich allein in den Raum, ich schrie und weinte den Schmerz heraus und sagte laut: »Anne, ich verzeihe dir alles, was du mir angetan hast! Ich hoffe, du ruhst in Frieden!« Und plötzlich, so schnell wie sie gekommen war, war diese Enge, der Druck auf meinem Herzen, wieder weg. Ich habe ihren Geist seitdem nie wieder gesehen.

Wir wollen DANKE sagen ...

Danke an alle die, die an uns geglaubt haben, und noch mehr Dank geht an die, die es NICHT getan haben. Denn ihr wart jeden Tag der Ansporn, aufzustehen und zu beweisen, dass wir zu mehr in der Lage sind.

Danke an das Frauenpower-Team unseres Buchverlages, das unsere Idee mochte und uns ermöglicht hat, ein Buch zu schreiben.

Danke an unsere Co-Autorin Tina, die uns dabei geholfen hat, unsere Geschichten lebendig zu machen und das Beste aus jedem Kapitel rauszuholen.

Danke an meinen (Lishas) Papa, der mir immer das Gefühl geben hat, dass ich alles schaffen kann, was ich mir vornehme. Auch wenn es noch so unrealistisch war. Er hat IMMER an mich geglaubt und tut es NOCH ...

Danke an unser Management »Kati Langenkaemper«, die immer hinter uns steht und mehr an uns glaubt als wir selbst. Ohne dich würden wir dieses Buch nicht in der Hand halten. ♡

Danke an unsere unglaubliche Community.

Ihr seid so treu ... so loyal! Ihr habt immer zu uns gehalten, egal was war. Und wir fühlen uns stark und unbesiegbar mit euch im Rücken. Nichts von alldem wäre ohne euch möglich. Nicht einmal der Name Lisha&Lou würden ohne euch eine Bedeutung haben. Wir lieben euch!

Und danke an alle, die nie an uns geglaubt haben. An die, die uns sagten, wir würden es niemals zu etwas bringen. Es ist ein unglaublich schönes Gefühl zu wissen, dass ihr wisst, dass ihr falschgelegen habt. Danke auch an alle, die immer wieder versuchten, uns Steine in den Weg zu legen. Denn mit all diesen Steinen konnten wir uns eine Treppe NACH OBEN bauen.

Wir hoffen, unser Buch hat euch gefallen, und freuen uns über Feedback. ♡

Glossar

A wie »Azrael«:
Azrael oder Asrael ist in der islamischen Tradition ein Engel des Todes und gehört zu den vier großen Engeln im Islam. Im Koran wird ein Engel des Todes ausdrücklich erwähnt, der in der islamischen Tradition als Azrael identifiziert wird.

B wie »Baal«:
der erste und oberste König der Hölle

B wie »Beelzebub«:
eine Entität des Teufels

C wie »Christuskreuz«:
Das Kreuz ist eines der Hauptsinnzeichen des Christentums.

D wie »Dämon«:
ein Geist oder eine Schicksalsmacht, die Menschen erschreckt, bedroht oder ihnen Schaden zufügen möchte

E wie »Exorzismus«:
die Austreibung von vermeintlich vorhandenen Dämonen oder bösen Geistern, die in Menschen, in Tieren, an Orten oder in Dingen vermutet werden

F wie »Fluch«:
ein Spruch, der einem Ort oder einer Person Unheil bringen soll. Gegenteil des Fluches ist der Segen.

G wie »Geist«:
ein immaterielles Wesen, das Botschaften aus dem Jenseits übermittelt. Es kann gut, aber auch böse sein.

H wie »Hexe«:
ein weibliches dämonisches Wesen, meist in Gestalt einer hässlichen, buckligen alten Frau mit langer, krummer Nase, die Menschen mit ihren Zauberkräften Schaden zufügt und oft mit dem Teufel im Bunde steht

I wie »Inkubus«:
ein Albträume verursachender, nachtaktiver Dämon

J wie »Jomjael«:
nach dem Buch *Henoch* einer der zweihundert gefallenen Engel, die vom Himmel kamen, um mit den Töchtern der Menschen Kinder zu zeugen

K wie »Kerberos«:
auch »Cerberus« genannt. Ist in der griechischen Mythologie der Höllenhund und Torhüter, der den Eingang zur Unterwelt bewacht.

L wie »Luzifer«:
Ursprünglich war Luzifer der mächtigste und schönste Engel an Gottes Seite. Sein Name bedeutet »Träger des Lichtes«. Da Luzifer sich Gott gleichstellen wollte, versammelte er seine Engel um sich und führte Krieg gegen die himmlischen Heerscharen. Deshalb verbannte Gott ihn und seine Anhänger aus dem Himmel. So entstand das Untere Reich – die Hölle.

M wie »Medium«:
auch »Channel« genannt. Eine Person, die Botschaften von allem Übernatürlichen wie Geistern, Verstorbenen oder Engeln empfängt

N wie »Nazar«:
Das Wort stammt aus dem Arabischen und bedeutet »böser Blick«. Dahinter steckt der Glaube an eine sehr starke Energie mancher Menschen, mit der sie anderen Menschen oder sogar Tieren Schmerz zufügen, Krankheiten oder auch den Tod herbeiführen können. Wer an Nazar glaubt, geht sogar davon aus, dass Gegenstände, die mit eifersüchtigen Augen angeschaut werden, zerbrechen oder zerspringen.

O wie »Ouija-Board«:
auch »Hexenbrett« oder »Witchboard« genannt. Dabei handelt es sich um ein Hilfsmittel in Form eines Brettes, um mit Geistern in Kontakt zu treten.

P wie »Paimon«:
auch »Paymon«. Bedeutet »klingeln«. Ein gefallener Engel aus der Hierarchie der Herrschaften, Diener Luzifers, Dämon des Nordwestens, reitet auf einem Kamel und trägt eine Krone, lehrt alle Künste und unterwirft die Menschen.

Q wie »Qingu«:
Sohn von Tiamat, Befehlshaber einer Dämonenarmee

R wie »Raphael« (Erzengel):
Raphael wird als der Engel der Heilung bezeichnet. Sein Name teilt den Wortstamm mit dem hebräischen Wort für »Heilung« (*rophe*).

S wie »Schlafparalyse«:
auch als Schlaflähmung bekannt. Im Grunde dient sie dem eigenen Schutz und sorgt dafür, dass wir während intensiver Träume die vermeintlich erlebten Aktionen nicht tatsächlich ausführen. Wird sie bewusst erlebt, ist der Geist bereits hellwach, aber der Körper kann sich kaum bis gar nicht rühren.

T wie »Teufel«:

hebr.:
top(h)el – bestreichen, hinzufügen, beschmutzen, schmarotzen, anschmieren; »Teufel« bedeutet somit Andichter, Zufüger (von Dreck), Beschmutzer, Schmarotzer.

assyrisch:
tapalu – verdächtigen, jemandem eine Lüge andichten; *taskirtu tapiltu* – verdächtigende Lügenrede; »Teufel« bedeutet somit Lügner und Verleumder.

griech.:
diaballein – verleumden, verhasst machen, auseinanderbringen; *diabolos* – Verleumder

U wie »Ulu Toyon«:
ist ein Dämonenkönig aus dem Glauben der sibirischen Jakuten und herrscht über die Abaasy. Demnach lebt Ulu Toyon im dritten Himmel und gab einst den Menschen das Geheimnis des Feuers.

V wie »Vritra«:
Dämon und Personifikation der Dürre und der Finsternis. Er tritt in Gestalt eines Drachen auf.

W wie »Wahrsagen«:
Unter Wahrsagen oder Wahrsagung, abwertend auch Wahrsagerei, werden zahlreiche Praktiken und Methoden zusammengefasst, die dazu dienen sollen, zukünftige Ereignisse vorherzusagen und gegenwärtige oder vergangene Ereignisse, die sich der Kenntnis des Fragenden entziehen, zu ermitteln.

X wie »Xaphan«:
Dämon zweiter Ordnung, der sich Luzifers Aufstand gegen die himmlischen Heerscharen anschloss

Y wie »Yenlo«:
Dämonenkönig und Herr über die Unterwelt

Z wie »ZoZo«:
auch »Ouija-Dämon« genannt. Es heißt, wer mit ihm über das Hexenbrett Kontakt aufnimmt, der hat schon verloren. Denn er möchte jeden zerstören, der ihn kontaktiert. Er tritt auch als Rabe in Erscheinung.

Auflösung: Wie gut kennst du Lisha & Lou?

Korrekte Antworten

1. b), 2. c), 3. c), 4. a), 5. b), 6. c), 7. a), 8. b), 9. c), 10. a), 11. b), 12. c), 13. c), 14. a)

Wie viele Antworten hattest du richtig?

14 bis 10 Antworten → Du bist ein wahrer Fan!

Wow, Glückwunsch! In Sachen Wissen rund um Lisha und Lou macht dir so schnell keiner was vor. Du kennst das Traumpaar, als wären es deine Freunde, weil du ihr Leben einfach zu gern verfolgst. Das Buch hast du natürlich auch schon von vorn bis hinten durch. Respekt!

9 bis 5 Antworten richtig → Da geht noch mehr!

Respektable Leistung! Du bist schon gar nicht schlecht informiert, wenn es um Lisha und Lou geht. Um die beiden noch etwas besser kennenzulernen, kannst du beispielsweise dieses Buch aufmerksam lesen. Hast du schon gemacht? Umso besser!

Unter 5 Antworten → Ab ins Trainingslager!

Na ja, du musst wohl noch ein paar YouTube-Videos von Lisha und Lou gucken oder ihnen auf ihrem Instagram-Kanal folgen, um dein Wissen aufzupolieren. Dass du dieses Buch in den Händen hältst, werten wir aber als gutes Zeichen! Das wird schon!

Quellennachweise für die Infoboxen »Hexen und Hexenverbrennung« und »Geister: Ein kurzer historischer Abriss« sowie das Glossar

http://www.rafa666.de/11_t.php

https://de.wikipedia.org/wiki/Geistwesen

https://de.wikipedia.org/wiki/Parapsychologie

https://de.wikipedia.org/wiki/Hexe

https://de.wikipedia.org/wiki/Hexenverfolgung

https://de.wikipedia.org/wiki/Kreuz_(Christentum)

https://de.wikipedia.org/wiki/Wahrsagen

https://de.wikipedia.org/wiki/Ulu_Toyon

https://de.wikipedia.org/wiki/Raphael_(Erzengel)

Impressum

Lisha & Lou
Total paranormal!
Unsere gruseligsten und emotionalsten Erfahrungen mit Dämonen und Geistern
ISBN: 978-3-95910-349-7

Eden Books
Ein Verlag der Edel Verlagsgruppe

www.edenbooks.de | www.edel.com
1. Auflage 2021

Einige der Personen im Text sind aus Gründen des Persönlichkeitsschutzes anonymisiert.

Text: Tina Gerstung
Projektkoordination: Juliane Noßack und Julia Gommel-Baharov
Lektorat: Lisa Bogen und Kanut Kirches
Umschlaggestaltung: ZERO Werbeagentur, München
Bilder Lisha & Lou: © Moritz Thau
Layout und Satz: Datagrafix GSP GmbH, Berlin | www.datagrafix.com
Druck und Bindung: GGP Media GmbH, Pößneck

Printed in Germany

Dieses Buch ist auch als E-Book erhältlich.

PARTNER
Naturpark
Nossentiner/Schwinzer Heide
www.optimal-media.com/naturschutzprojekt-001

Partner des Naturparks
Nossentiner/Schwinzer Heide

Eden Books unterstützt bei der Produktion dieses Buches das Projekt »Junge Riesen für die nächsten 100 Jahre«. Damit wird ein Anteil der unvermeidbaren CO_2-Emissionen im direkten Umfeld des Produktionsstandortes kompensiert.

EDEL
VERLAGSGRUPPE

FSC
www.fsc.org
MIX
Papier aus verantwortungsvollen Quellen
FSC® C014496